Matthias Drilling

Schulsozialarbeit

W0210305

Haupt

Matthias Drilling

Schulsozialarbeit

Antworten auf veränderte Lebenswelten

2., unveränderte Auflage

Verlag Paul Haupt
Bern · Stuttgart · Wien

Matthias Drilling (1964), Sozialgeograph. War wissenschaftlicher Mitarbeiter an den Universitäten in Jena, Bern und Basel. Er leitete die Forschungsprojekte «Peergruppen-orientierte Präventions- und Interventionskonzepte der Jugendhilfe in der Schule» und «Risikolagen sozialhilfeabhängiger Jugendlicher» im Auftrag des Schweizerischen Nationalfonds und der Kommission für Technologie und Innovation. Städte und Gemeinden berät er heute in sozialen Fragen, u. a. dem Aufbau der Schulsozialarbeit. Als Dozent an der Fachhochschule für Soziale Arbeit beider Basel lehrt und erforscht er die Themen Schulsozialarbeit, Jugend und Gewalt sowie Jugendarmut im städtischen Kontext.

1. Auflage: 2001

Die Deutsche Bibliothek – CIP-Einheitsaufnahme

Drilling, Matthias:
Schulsozialarbeit : Antworten auf veränderte Lebenswelten /
Matthias Drilling. – 2. Aufl.
Bern ; Stuttgart ; Wien : Haupt, 2002
ISBN 3-258-06311-7

Umschlaggestaltung: Dominik Bachmann, Bern
Dieses Papier ist umweltverträglich, weil chlorfrei hergestellt;
es stammt aus Schweizer Produktion mit entsprechend kurzen Transportwegen
Printed in Switzerland

www.haupt.ch

INHALT

Einleitung

Über kaum ein Thema wird in den letzten Jahren so kontrovers diskutiert wie über die Schule. Auf der einen Seite stapeln sich Bücher über neue Konzepte in der Gewaltprävention, gesundheitsfördernde Schulen oder die Frage, wie bei Lehrkräften eine einfühlende Haltung gegenüber den Schülerinnen und Schülern gefördert werden kann. Dann wieder - so die Forderungen - sollen die Eltern in die Verantwortung für ihre schulmüden Kinder genommen werden, soll sich die Schule auf ihr Kerngeschäft Unterricht zurückbesinnen, soll der Überpädagogisierung ein Ende gesetzt werden.

An den Lehrkräften gehen diese Diskussionen nicht spurlos vorbei. Da ist vom "Horrorjob" die Rede, der in der Gesellschaft immer weniger Anerkennung findet. Seminarreihen widmen sich dem Thema "Burnout". Nicht wenige sehen im Berufswechsel die einzige Alternative, sich der täglich erlebten Frustration zu entziehen. Lange schon waren die Anzeigenblätter nicht mehr so voll wie in dieser Zeit. Aber die Emigration aus dem Lehrberuf ist nur die individuelle Lösung des Problems.

Kürzlich rief mich eine Lehrerin an und fragte mich, ob ich Methoden kenne, eine Klasse zu unterrichten, in der eine permanente Unruhe herrscht. Wo die einen nur wenig Deutsch sprechen und so nicht verstehen können, worum es geht, und die anderen die Unterrichtsthemen gar nicht in einen Gesamtzusammenhang einordnen können, weil sie keinen persönlichen Zugang dazu finden. Wo manche sich innerlich zurückziehen, immer stiller werden und im Unterricht nur noch physisch anwesend sind und andere zunehmend die Rolle der Meinungsmacherinnen und Meinungsmacher übernehmen und dabei auch nicht davor zurückschrecken, Mitschülerinnen und Mitschüler, aber auch die Lehrerin verbal zu attackieren.

Vielfältig sind die Visionen von Schule als ein "Haus des Lernens und Lebens", eine "lebenswerte Schule" oder eine "sozialpädagogische Schule". Konzepte allerdings, die konkrete Unterstützungsmassnahmen für Lehrkräfte formulieren, sind rar. Daraus resultieren Überforderungssituationen. Viele Lehrerinnen und Lehrer fühlen sich heute im Stich gelassen: von der Gesellschaft, der Politik, den Eltern, den Vorgesetzten.

Welche Optionen hat eine Lehrkraft, die nicht auf ausreichende Unterstützung in ihrer akuten Problemsituation bauen kann? "Verschweigen, verdrängen oder delegieren" lautet eine häufige Antwort. Wer delegieren will, findet oft nicht schnell genug eine Person, die die Verantwortung für den weiteren Prozess übernimmt. Die schulnahen Dienste, wie die Schulpsychologie, sind durch die zunehmende Zahl der von ihnen abzuklärenden Kinder und Jugendlichen vielerorts auf mehrere Monate hinaus ausgelastet. In den letzten Jahren haben sich die Lehrkräfte mit einer kurzfristigen Entlastungsstrategie durch diesen Engpass manövriert: Schülerinnen und Schüler, die im Unterricht nicht mehr tragfähig waren, wurden als "gefährdet" eingestuft und direkt der behördlichen Jugendhilfe gemeldet, die den gesetzlichen Auftrag hat, einen Abklärungsprozess einzuleiten. Die Verantwortung war delegiert. Doch innert Kürze stiessen auch die behördlichen Kindes- und Jugendschutzeinrichtungen an die Grenzen ihrer Kapazitäten.

Diese Individualisierung und Delegation von Verantwortung an einzelne Lehrkräfte ist eigentlich unverantwortlich. Hier ist die Institution Schule gefordert, umsetzungsorientierte Konzepte und konkrete Hilfestellungen zu entwickeln und so Herausforderungen, die aus dem gesellschaftlichen Wandel heraus entstehen, zu beantworten.

"Die Schule langweilt Kinder mit totem Stoff", schreibt der Sozialpädagoge Karlheinz Thimm. (2000:44) "Sie versucht, schulisches und ausserschulisches Lernen zu trennen." Schule muss lebensweltorientiert sein, pflichtet Hans Thiersch, Professor für Sozialpädagogik, bei. Lebensweltorientierung meint die ganzheitliche Wahrnehmung von Lebensmöglichkeiten und Schwierigkeiten, wie sie im Alltag erfahren werden. In der Schule - einer Institution mit Pflichtcharakter - treffen diese Lebenswelten aufeinander und verlangen eine sensible, einfühlsame Haltung. Die Schule kann sich nicht darauf beschränken, mit Bildungsangeboten auf diese Lebenswelten vorzubereiten, sie ist heute vielmehr ein zentraler Bestandteil der Lebenswelten.

Aber nicht nur die Schule sucht nach dem "richtigen" Weg. Auch die Jugendhilfe, eines der wichtigen Handlungsfelder der Sozialen Arbeit, hat Nachholbedarf. Jugendhilfe steht in der Verpflichtung, Eltern in ihrem Erziehungsauftrag zu unterstützen, Kindern und Jugendlichen das Hineinwachsen in die Gesellschaft zu erleichtern und allgemein dazu beizutragen, junge Menschen und ihre Familien bei der Lebensbewältigung zu unterstützen und förderliche Bedingungen dafür zu schaffen. Das ist keineswegs einfach, denn die persönlichen, familiären und gesellschaftlichen Kontexte, in denen junge Menschen heute aufwachsen, sind sehr viel spannungsreicher und konfliktgeladener, als es vielleicht unsere eigenen waren. Schätzungen gehen davon aus, dass heute zwischen 25 und 30 Prozent aller Jugendlichen von psychosozialen Belastungen betroffen sind. Helmut Fend, Psychologieprofessor an der Universität Zürich, bezeichnet das Jugendalter als das wichtigste Eintrittsfenster in Problemverhalten. (Fend 2000) Überforderte Eltern nehmen ihre Erziehungsaufgaben nur unzureichend wahr, was dazu führt, dass Kinder und Jugendliche häufig nicht auf tragfähige Eltern-Kind-Beziehungen zurückgreifen können. Je schlechter es der Gesellschaft geht, umso wichtiger wird die Soziale Arbeit. Mancherorts wird bereits vom sozialpädagogischen Jahrhundert gesprochen. Kriegsflüchtlinge, Kinder aus Armutsfamilien, Wohlstandsverwahrloste, Modernisierungsverliererinnen und -verlierer; wen die Wissenschaft auch ins Zentrum ihrer Forschungen stellt, eines steht fest: Wir leben heute in einer Gesellschaft pluraler Lebenswelten mit daraus resultierenden multiplen Ansprüchen an die Einzelnen und die gesellschaftlichen Institutionen. In dieser Grosswetterlage stehen Lehrkräfte und Fachkräfte der Sozialen Arbeit und sie können sie nicht generell verändern. Aber es soll auch keine Symptombekämpfung betrieben werden.

Fassen wir zusammen: Schule und Soziale Arbeit stehen vor sich verändernden Lebenswelten, in deren Folge eine zunehmende Zahl von Individuen aus ihren Bindungs- und Versorgungsstrukturen herausgelöst werden. Schule und Soziale Arbeit erleben eine steigende Zahl von Kindern und Jugendlichen, die auf diese Belastungen mit Schulversagen und Schulverdrossenheit reagieren und deren Eltern in ihren Erziehungsanstrengungen Unterstützung brauchen. Schule und Soziale Arbeit sind auf der Suche nach schlüssigen Konzepten, die sie befähigen, zum Wohle der Schülerinnen und Schüler zu agieren statt nur zu reagieren. Das Ziel der gemeinsamen Anstrengungen heisst, die Sozialisation gestaltend zu unterstützen. Sozialisation verstanden als Prozess, in dessen Verlauf der mit einer biologischen Ausstattung versehene menschliche Organismus sich in aktiver Auseinandersetzung mit den Lebensbedingungen zu einer sozial handlungsfähigen Persönlichkeit entwickelt.

Heute müssen wir feststellen, dass Schule und Jugendhilfe ihre Zusammenarbeit vernachlässigt haben. Eingang in die Schulen findet die Soziale Arbeit zumeist als einmaliger Gast (das additive Modell). Eine formalisierte Kooperation zwischen Jugendhilfe und Schule (das integrative Modell), wie sie in Deutschland oder Amerika in Form der Schulsozialarbeit seit Jahrzehnten existiert, wird in der Schweiz erst neuerlich erprobt.

Im additiven Modell kooperiert die Schule mit der Sozialen Arbeit in loser Form. Die Zusammenarbeit reicht vom Aktionstag über Schulprojektwochen bis zur externen Schulberatung in Krisensituationen. Alle diese Konzepte zeichnen sich dadurch aus, dass Zuständigkeiten klar geregelt sind und keine besonderen institutionellen Veränderungen nötig werden. Dort, wo die Schule oder einzelne Lehrkräfte den Bedarf sehen, werden externe Fachkräfte in die Schule geholt. Es kommt in vielen Fällen zu einem Nebeneinander von Schule und Sozialer Arbeit, in seltenen Fällen zu einem Miteinander. Schwierigkeiten resultieren kaum aus den Strukturunterschieden, dafür ist die Zusammenarbeit zu kurzfristig und dafür steht der Grundsatz: Die Schule bestimmt, wer mit welcher Zielsetzung und wie lange im Schulhaus aktiv ist. Das additive Modell zielt ausdrücklich *nicht* darauf ab, die räumlich-organisatorische Trennung zwischen Schule und Sozialer Arbeit aufzubrechen, Fachqualifikationen der Sozialen Arbeit dauerhaft in oder an einer Schule anzusiedeln und eine längerfristige Ergänzung zu der erzieherischen Wirkung der Schule insbesondere bei gefährdeten Kindern und Jugendlichen anzubieten.

Mit dem additiven Modell, schreibt der Zürcher Pädagogikprofessor Reinhard Fatke, vergibt die Soziale Arbeit "wertvolle Chancen, selbst mehr zum Gelingen von Erziehungs-, Bildungs- und Sozialisationsprozessen beizutragen. Und die kooperierende Sozialpädagogik wird dabei allzu leicht auf die Funktion eingeschränkt, die Schule gleichsam individuell erträglich zu machen" (Fatke 2000). Sicherlich hat Reinhard Fatke Recht, wenn er das additive Modell an den Massstäben einer Schulsozialarbeit oder sozialpädagogischen Schule misst. Doch eine Projektwoche zur Migration will nicht die Schule reformieren. Allenfalls setzt sie sich zum Ziel, eine empathische Haltung gegenüber nicht-schweizerischen Mitschülerinnen und Mitschülern aufzubauen oder für dieses Verhalten zumindest zu sensibilisieren. Gemessen an ihrer Zielsetzung erreicht das additive Modell seine Ziele kurzfristig. Und eben das genügt heute in den meisten Fällen nicht mehr.

Wer unterstützt die Lehrkräfte in der weiteren Bearbeitung des Themas? Wer garantiert, dass Ziele regelmässig überprüft und Massnahmen angepasst werden? Das Dilemma des additiven Modells ist die fehlende Überprüfung und Sicherung der Qualität. Zielformulierungen werden selten von Schule und Sozialer Arbeit gemeinsam formuliert. Vielmehr verlässt sich die Schule "blindlings" auf die von ihr gerufenen Fachkräfte. Auf Seiten der Schule hat die Kooperation nicht selten Rechtfertigungscharakter: Es wurde etwas gegen das Problem unternommen. Von Seiten der Sozialen Arbeit wird Schule nicht selten ausgenutzt für neue Ideen "unter Laborbedingungen", bei denen die Schülerinnen und Schüler die Versuchspersonen sind. Das kann sich die Schule, aber auch die Soziale Arbeit, eigentlich nicht mehr leisten.

Schulsozialarbeit basiert auf dem Grundgedanken der räumlich-organisatorischen Annäherung. Es geht um die Integration von professionellen Methoden der Sozialen Arbeit in Form niederschwelliger Angebote in die Schule. Niederschwelligkeit bedeutet z.B. einfacher und freier Zugang zu den Angeboten (also keine Bedingungen definieren, keine langwierigen Vorabklärungen, kurze Wartezeiten). "Vor Ort" setzt die Präsenz im Schulhaus voraus. Nicht einmalig, nicht phasenweise sondern dauerhaft. Das ermöglicht der Schulsozialarbeit, eine Beziehung zu den Schülerinnen und Schülern aufzubauen.

Wie dieses Beziehungsangebot gestaltet werden soll, dazu gibt es unterschiedliche Vorstellungen. Von Seiten der Sozialarbeit, der Sozialpädagogik und auch der

Schule selbst wurden in der Vergangenheit Konzepte vorgestellt, die mit "Sozialarbeit in der Schule", "Sozialpädagogik in der Schule" und "sozialpädagogische Schule" bezeichnet wurden. Unterschiedlich sind diese Grundpositionen in Bezug auf ihre theoretischen Grundlagen, die Methoden und Herangehensweisen sowie auf die Frage, ob es externe Fachkräfte braucht, um die sozialpädagogischen und sozialarbeiterischen Aufgabenstellungen in der Schule zu realisieren. Dementsprechend unterschiedlich ist auch das, was unter Schulsozialarbeit verstanden wird. Das Kontinuum reicht von der Schulsozialarbeit als Handlungsfeld der Jugendhilfe bis zur sozialpädagogischen Profilbildung der Schule selbst. Entsprechend unterschiedlich sind die Ausgangsbedingungen vor Ort: Wer Schulsozialarbeit als Handlungsfeld der Jugendhilfe definiert, spricht von einer Kooperation zweier Institutionen. Wer in der Schulsozialarbeit eine Profilerweiterung der Schule sieht, kann dies durchaus auch im bestehenden System Schule ohne externe Hilfe realisieren. Bei manchen Publikationen wird dieser grundlegende - und für viele weitere Fragen entscheidende - Disput bereits am Titel erkannt. Wilfried Wulfers nennt seine Veröffentlichung "Schulsozialarbeit. Ein Beitrag zur Öffnung, Humanisierung und Demokratisierung der Schule" (Wulfers 1996). Ingrid Helbrecht-Jordan und Gerhard Segel (1980) fragen, ob Schulsozialarbeit "ein Weg zur schülergerechten Schule" ist. Abels dagegen definiert Schulsozialarbeit im Untertitel als einen "Beitrag zum Ausgleich von Sozialisationsdefiziten" (Abels 1971). Thomas Olk und sein Team vermeiden gar den Begriff Schulsozialarbeit und sprechen von "Jugendhilfe und Schule" (Olk et al. 2000).

Die vorliegende Publikation untertitelt mit "Antworten auf veränderte Lebenswelten" und nimmt auf jüngere Forschungen zur Jugendhilfe Bezug. Dies verdeutlicht, dass es sich um einen Versuch handelt, Schulsozialarbeit aus Sicht der Jugendhilfe zu begründen. Entsprechend werden auch Grundsätze abgeleitet und Arbeitsweisen beschrieben.

Schulsozialarbeit kann aber nur so erfolgreich sein wie die Schule, in der sie angeboten wird, es zulässt. Die Ziele der Schulsozialarbeit können nicht ohne die Mitwirkung aller im Schulhaus und im Umfeld Schule tätigen Personen erreicht werden. Lehrkräfte beispielsweise werden für viele Schülerinnen und Schüler immer zu den wichtigen Ansprechpersonen gehören. Und oft ist erst dann der Zugang zu den Angeboten der Schulsozialarbeit sichergestellt, wenn sich eine Lehrkraft um eine Schülerin oder einen Schüler Sorgen zu machen beginnt.

Ein neues Kooperationsmodell zu begründen, verlangt die Definition von Begrifflichkeiten. Was aber soll als Schulsozialarbeit bezeichnet werden? Hierzu liegen zahlreiche Vorschläge vor, die in den weiteren Kapiteln diskutiert werden. Für die anschliessend vorgeschlagene Definition soll vorab nochmals verdeutlicht werden:

Schulsozialarbeit will die Kooperation mit der Schule eingehen, ja sogar aktiv suchen. Aber aus einer professionellen Position heraus und mit Zielen, die über die Schulzeit hinausgehen. Es geht Schulsozialarbeit nicht darum, die Lernfähigkeit von Schülerinnen und Schülern zu verbessern oder zur Schulhausentwicklung beizutragen. Dies kann allenfalls ein Nebenprodukt schulsozialarbeiterischen Wirkens sein. In erster Linie geht es um die Unterstützung der Persönlichkeitsentwicklung einer Schülerin oder eines Schülers. So verstanden ist Schulsozialarbeit in Bereichen wie Gesundheitsförderung, Gewalt- und Drogenprävention, Krisenintervention tätig. Schulsozialarbeit wird zur Querschnittsaufgabe.

Vor diesem Hintergrund steht folgende Definition von Schulsozialarbeit, die für die Ausführungen in der vorliegenden Publikation leitend ist: Schulsozialarbeit ist ein eigenständiges Handlungsfeld der Jugendhilfe, das mit der Schule in formalisierter und institutionalisierter Form kooperiert. Schulsozialarbeit setzt sich zum Ziel, Kinder und Jugendliche im Prozess des Erwachsenwerdens zu begleiten, sie bei einer für sie befriedigenden Lebensbewältigung zu unterstützen und ihre Kompetenzen zur Lösung von persönlichen und/oder sozialen Problemen zu fördern. Dazu adaptiert Schulsozialarbeit Methoden und Grundsätze der Sozialen Arbeit auf das System Schule.

Dieses *integrationsorientierte* Konzept von Schulsozialarbeit fordert grosse Anpassungsleistungen von beiden Seiten: Schule und Jugendhilfe sind unterschiedliche Disziplinen, sie haben verschiedene Geschichten und verfügen über unterschiedliche Erfahrungen. Damit wird die interdisziplinäre Zusammenarbeit eine zentrale Herausforderung. Interdisziplinarität heisst aber gerade *nicht*, nebeneinander her zu arbeiten. Interdisziplinarität bezeichnet eine Zusammenarbeit mit einer gemeinsamen Definition von Zielen und Fragen. Schulpädagogik und Soziale Arbeit müssen gemeinsam die Frage beantworten, welches die Folgen der gesellschaftlichen Veränderungen für Schülerinnen und Schüler sowie für die Schule generell sind und wie sie gedenken, die daraus entstehenden Herausforderungen zu bearbeiten. Diese Frage erfordert, Kommunikationsschwierigkeiten, Methodenproblemen und Vorurteilen auf beiden Seiten zu begegnen. Interdisziplinäre Zusammenarbeit verlangt also einerseits die Fähigkeit, Methoden, Fachsprache und Theorien der eigenen Disziplin zu kennen und reflektieren zu können. Andererseits gilt es, die eigenen Denk- und Arbeitsweisen gegen aussen zu vertreten, anzupassen, neue Elemente zu integrieren und andere Positionen zu akzeptieren. Was heisst es, ein Beziehungsangebot aufzubauen? Was ist eine empathische Haltung? Was sind Grundsätze einer Beratung? Worin unterscheidet sich die Gruppenarbeit im Unterricht von der sozialen Gruppenarbeit? Dies alles sind Fragen, die es zu klären und zu erklären gilt.

Lehrkräfte stehen vor der Herausforderung, ihre eigene Disziplin zu reflektieren und ihre Rolle, die Methoden kritisch zu überprüfen. Für viele Lehrkräfte keine einfache Aufgabe. Es widerspricht ihrem Lehrerinnen- und Lehrer-Sein, da sie in der Regel alleine arbeiten und ihre Denk- und Arbeitsweisen eigentlich nie im Team reflektieren müssen. Dennoch stünde ein grosses Repertoire an Fachwissen zur Verfügung, das Lehrkräften ermöglicht, z.B. nicht vorhandenes Methodenwissen aufzuholen. Für die Fachpersonen der Schulsozialarbeit ist dies wesentlich schwieriger, denn Schulsozialarbeit ist nicht einfach nur Sozialarbeit in der Schule. Die Methodendiskussion der Schulsozialarbeit ist erst im Entstehen. Eine der zukünftigen Aufgaben gerade auch der Forschung ist es somit, zur Professionalisierung der Schulsozialarbeit beizutragen. Da spielt die Methodenentwicklung eine zentrale Rolle.

Die vorliegende Publikation ist folgendermassen aufgebaut: Im ersten Kapitel sollen die Bedingungen betrachtet werden, innerhalb derer Kinder und Jugendliche heute in die Gesellschaft hineinwachsen. Mit den Entwicklungsaufgaben werden die Meilensteine genannt, die im Prozess des Erwachsenwerdens zentrale Herausforderungen darstellen. Mit Gleichaltrigen in Beziehung treten, sich mit der Berufswahl auseinandersetzen, eine emotionale Unabhängigkeit von den Eltern erreichen, den eigenen Körper akzeptieren, soziale und gesellschaftliche Verantwortung übernehmen: Wenn Kinder und Jugendliche diese Aufgaben nicht meistern, können daraus Krisen und Problemlagen resultieren, die fachlicher Unterstützung bedürfen. Wo Schule und Jugendhilfe sich an den Entwicklungsaufgaben orientieren, können präventive Angebote formuliert werden.

Den unterschiedlichen Grundpositionen zur Schulsozialarbeit widmet sich das zweites Kapitel. Bezug genommen wird auf die Bildungsreformen der 1970er und 1980er Jahre in Deutschland, einer "Bildungsplanung ohne sozialpädagogische Perspektive", wie der Pädagoge Walter Hornstein bemängelte (Hornstein 1971). Mit der Schaffung von Gesamtschulen ging die leistungsorientierte Einteilung der Schülerinnen und Schüler einher, die nicht selten auch von einer sozialen Differenzierung begleitet wurde. Wie den daraus entstehenden Problemen am ehesten begegnet werden könnte, dazu sind verschiedene Konzepte entwickelt und evaluiert worden. Zentral war die Frage, wer die in der Schule auftretenden Probleme mit Kindern und Jugendlichen besser lösen könnte: Fachkräfte der Sozialen Arbeit oder die Lehrkräfte selbst. Schliesslich stärkte eine dritte Gruppe den Glauben an die Vorstellungen einer klassisch autoritätsgebundenen Schule, die wenig Handlungsspielraum für sozialpädagogische oder sozialarbeiterische Arbeitsfelder innerhalb der Schule sieht.

Ob in Deutschland oder in der Schweiz: In den letzten Jahren standen diese Grundpositionen faktisch immer wieder auf dem Prüfstand, wie im dritten Kapitel ausgeführt wird. In den neuen Bundesländern Deutschlands wurden Landesprogramme umgesetzt, die dazu führten, dass Schulsozialarbeit heute auf der Sekundarstufe fast schon zur Grundausstattung gehört. Aus den Evaluationsberichten resultieren Erkenntnisse, die für jedes neu entstehende Projekt wertvoll sind. So wissen wir heute, wie wichtig die Sensibilisierungsphase für die Einführung der Schulsozialarbeit ist, wir kennen die Anforderungen an ein Vernetzungskonzept, damit Schulsozialarbeit innerhalb der Sozialen Dienste tätig werden kann. Wir nehmen zur Kenntnis, dass die Schulsozialarbeit noch über wenig Konzepte im Bereich der Elternarbeit verfügt. Und wir kennen eine Vielzahl von Stolpersteinen in der Zusammenarbeit zwischen Schule und Schulsozialarbeit.

In der Schweiz - so zeigt Kapitel vier - nimmt die Schulsozialarbeit seit kurzer Zeit einen wichtigen Stellenwert ein. In den kommenden Jahren wird eine Differenzierung folgen: Während die einen Städte und Gemeinden stärker die Jugendarbeit mit ihren offenen Angeboten insbesondere im Freizeitbereich in die Schule integrieren werden, setzen andere verstärkt auf Aktivitäten der Jugendsozialarbeit in der Schule, also die Konzentration der Angebote auf leistungsschwache und schulmüde Schülerinnen und Schüler. Beide Positionen haben ihre Berechtigung und müssen sich vor dem Hintergrund der festgelegten Ziele rechtfertigen. Die Projekte in der Schweiz leisten - auch wenn es nur wenige sind - zur internationalen Diskussion um Modelle der Schulsozialarbeit einen wichtigen Beitrag, denn sie werden - im Gegensatz zu Projekten in Deutschland - fast ausnahmslos von ausgebildeten Fachpersonen der Sozialen Arbeit realisiert. Jede Evaluation wird damit zu einem wichtigen Beitrag bei der theoretischen und methodischen Fundierung eines neuen Berufsfeldes.

Was zeichnet ein Konzept von Schulsozialarbeit aus, das aus der Perspektive der Jugendhilfe die Zusammenarbeit mit der Schule sucht? Welche Methoden stehen bei einem solchen Vorgehen im Vordergrund? Im fünften Kapitel soll ein integrationsorientiertes Konzept von Schulsozialarbeit beschrieben werden, die an der Zusammenarbeit mit der Schule interessiert ist und eine interdisziplinäre Kooperation anstrebt, die die Stärkung der Persönlichkeitsentwicklung von Schülerinnen und Schülern ins Zentrum rückt. Darin unterscheidet sich dieses Konzept vom Distanzmodell, in dem Schule und Jugendhilfe unverbunden nebeneinander agieren. Integrationsorientiert impliziert ferner, dass die Soziale Arbeit ein Repertoire professioneller Methoden und Arbeitsweisen bietet, die auf die spezifische Situation in der Schule adaptiert werden können. Darin unterscheidet sich dieses Konzept von Formen der Schulsozialarbeit, die sich auf eine Nischenfunktion reduzieren lassen oder ihre Aufgabe in der Verbesserung schulpädagogischer Methoden sehen. Schliesslich bedeutet integrationsorientiert, dass Schulsozialarbeit als ein eigenständiges Handlungsfeld der Jugendhilfe verstanden werden soll. Sie erschliesst sich Wege der Zusammenarbeit mit der Schule dort, wo dies sinnvoll erscheint. Darin unterscheidet sich das integrationsorientierte Konzept der Schulsozialarbeit vom additiven Modell, in dem die Soziale Arbeit punktuell und nach (von der Schule geäussertem) Bedarf im Schulhaus aktiv wird. Schulsozialarbeit wird im fünften Kapitel beschrieben anhand von Grundsätzen, die vereinzelt in der Theorie der Sozialen Arbeit diskutiert werden und sich in der schulsozialarbeiterischen Praxis bewährt haben. Es sind dies die Grundsätze der Prävention, Ressourcenorientierung, Beziehungsarbeit, Prozessorientierung, Methodenkompetenz und Systemorientierung. Dermassen gerüstet, kann Schulsozialarbeit die Kooperation mit der Schule eingehen und ihre Zielgruppen kontaktieren. Auch wenn sich Schulsozialarbeit in erster Linie als ein niederschwelliges Angebot für Schülerinnen und Schüler versteht, so stehen ihre Angebote doch auch Lehrkräften, Eltern und Bezugspersonen zur Verfügung. Jede Zielgruppe erwartet andere Unterstützungsangebote, funktioniert auch in anderen Systemen als dem der Schule. Schulsozialarbeit muss auf dem Hintergrund dieser Systemzusammenhänge handeln.

Es ist erstaunlich, wie wenig sich die Fachliteratur zur Schulsozialarbeit mit Methodenfragen beschäftigt. Wenige Publikationen widmen sich der Frage, wie Beratungskonzepte der Sozialen Arbeit an das System Schule angepasst werden müssen. Wenig wissen wir darüber, wie sich die Arbeit mit Gruppen, die zur Zusammenarbeit mit der Schulsozialarbeit durch die Lehrkraft verpflichtet wurden, von der Gruppenarbeit auf freiwilliger Basis unterscheidet. Auch diese Publikation kann dieses Defizit nicht ausräumen. Sie versucht im sechsten Kapitel, Hinweise zu geben, in welche Richtung die Wissenschaft gemeinsam mit der Praxis forschen könnte, wenn die Methodenkompetenz der Schulsozialarbeit im Zentrum steht. Bei dieser Darstellung wird wenn immer möglich auf die Themen Gewalt und Sucht Bezug genommen. Denn noch immer sind diese Themen Ausgangspunkt für viele Projekte der Schulsozialarbeit. Wie also unterstützt die Schulsozialarbeit einen Lehrer, der einen gewalttätigen Schüler in seiner Klasse hat? Welche Beratungsformen kennt die Schulsozialarbeit bei suizidalen Schülerinnen? Und wie gelingt es der Schulsozialarbeit, das *Thema hinter dem Thema* anzusprechen, denn die Gewalttat oder der Drogenkonsum ist zumeist nur Ausdruck anderer, unverarbeiteter Probleme. Solche Fragen müssen mit der Praxis gemeinsam beantwortet werden. Erna Rohrer, David Ruesch, Andreas Schmid und Erwin Götzmann, die Schulsozialarbeiterinnen und Schulsozialarbeiter in Basel, haben für dieses Kapitel entscheidende Impulse aus der Praxis beigetragen. Die Bibliothekarin Brigitte Forster hat mit grossem Engagement Grundlagenartikel und Studien aus dem In- und Ausland recherchiert und eine Bibliographie erstellt. Gemeinsam mit Dr. Erika Arnold, Vorsteherin der Vormundschaftsbehörde, Hans Hermann Baumgarten, ehemaliger Leiter des Jugendamtes, und Hanspeter Ruch, Konrektor der Weiterbildungsschule, sind wichtige Konzeptteile der Schulsozialarbeit in Basel-Stadt entwickelt worden, die auch Eingang in Konzepte anderer Städte und Gemeinden der Deutschschweiz gefunden haben. Von solchen Konzeptteilen ist im abschliessenden Kapitel die Rede.

Ein Buch zur Schulsozialarbeit lebt von der Auseinandersetzung über die Inhalte. Auch wenn ich in einzelnen Passagen über Schwachstellen von Projekten im In- und Ausland spreche, so ist damit keinesfalls ein Desinteresse an der inhaltlichen Auseinandersetzung verbunden. Ganz im Gegenteil braucht das neue Handlungsfeld Schulsozialarbeit das In-Frage-Stellen und das Problematisieren. Vorausgesetzt, die Kritik ist wohlwollend, also auf eine Verbesserung des Produktes ausgerichtet. Etwa so wie die zahlreichen Diskussionen mit Claudine Stäger, die nie die Zeit fand, selbst ein paar Zeilen für dieses Buch zu schreiben, aber immer bereit war, die Kapitel kritisch zu reflektieren. Dafür danke ich ihr und hoffe, dass unser aller Bemühungen letztlich zur Zielerreichung beitragen: Kindern und Jugendlichen dabei zu unterstützen, in der Gesellschaft ihren Platz zu finden. Einen Platz, an dem sie sich wohl fühlen und von wo aus sie die Kraft schöpfen, ihr Leben in einer sie befriedigenden Form zu leben. Nur darum geht es. Nicht um das Wohl der Lehrkräfte oder der Sozialarbeiterinnen und Sozialarbeiter, der Eltern oder Freunde, der Politikerinnen oder der Wissenschaftler.

Kontexte des Erwachsenwerdens

Erwachsenwerden in der heutigen Zeit fällt vielen Jugendlichen schwer. Der Übergang von der Schule in die Berufswelt ist von Brüchen gekennzeichnet, familiäre Geborgenheit findet in ökonomischen Zwängen ihre Grenzen, nicht wenige Jugendliche wachsen im Widerspruch zwischen Erlebniswelt und Erfahrungsrealität auf. Die Gesellschaft schwankt zwischen Dramatisierung und Verharmlosung, schiebt mal den Eltern, mal der Schule, mal der Politik die Schuld zu. Die Wissenschaft hat verschiedene Erklärungsansätze geliefert.

Ulrich Beck (1986) thematisiert in der *Risikogesellschaft* die Folgen des Modernisierungsprozesses. Materieller Wohlstand, gestiegene soziale Mobilität und die Bildungsexpansion führten, so Beck, keineswegs zur Auflösung sozialer Ungleichheiten. Vielmehr bewirkten sie ein Herauslösen von Individuen aus ihren traditionellen Bindungs- und Versorgungsstrukturen. Individualisierung sozialer Ungleichheit, Pluralisierung der Lebensstile und Enttraditionalisierung sozialmoralischer Milieus sind zentrale Kategorien der Beck'schen Gesellschaftsanalyse, die grundlegende Veränderungen im Verhältnis zwischen Individuum und Staat diagnostiziert. Schwindende Identifikation des Einzelnen mit der Gesellschaft, Rückzug in den privaten Raum, ein Verlust an Solidarität sowie ein risikoreicher Umgang mit der Umwelt insgesamt sind Folgen.

Peter Gross identifiziert die Steigerung der Erlebens-, Handlungs- und Lebensmöglichkeiten als den augenscheinlichsten Vorgang der Modernisierung. Für ihn ist die *Multioptionsgesellschaft* Ausdruck schier unendlicher Wahlmöglichkeiten. "Man hat das Gefühl", schreibt Gross "nie aufhören zu können, und steht unter dem Druck, die täglich hereinströmenden Nachrichten zu verarbeiten, umzuformen, zu verwerfen und neu zu konstruieren. Man hat Angst, den Anschluss ans Weltgeschehen zu verpassen, nicht mehr mithalten zu können. Man gerät selbst unter Realisierungsdruck." (Gross 1994:27) Für Gross resultieren Gefährdungspotentiale aus einem "entfaltungs- und kampfbereiten Individuum", das seine Entscheidungen auf individuelle Präferenzen ausrichtet und dabei den Gesamtblick für die Gesellschaft verliert. Demgegenüber stehen jene Menschen, die zwar legitime Wünsche haben, aber denen die Optionen fehlen, um im befriedigenden Mass teilhaben zu können.

Die Analysen von Ulrich Beck und Peter Gross zeigen Herausforderungen, denen Jugendliche sich heute stellen müssen. Denn Jugendliche wachsen unter den Anforderungen des Leistungsparadigmas auf. Sie sind von klein auf den Gefährdungen der Risikogesellschaft ausgesetzt und sehen sich mit Gefühlen der Angst, Ohnmacht und Hilflosigkeit konfrontiert. Jugendliche im urbanen Kulturraum müssen einen Umgang finden mit Anonymität, Unverbindlichkeit, Individualisierung. Sozialisation, also der Prozess, in dessen Verlauf der mit einer biologischen Ausstattung versehene menschliche Organismus sich in aktiver Auseinandersetzung mit den sozialen Lebensbedingungen zu einer sozial handlungsfähigen Persönlichkeit entwickelt, wird zu einer der wichtigsten Herausforderungen für Individuum und Gesellschaft. Familie, Freizeit, Schule und Berufswelt wirken auf den Verlauf des Erwachsenwerdens entscheidend ein.

Familie

Familien sind Orte des Lernens und Erfahrens. Das Zusammenleben der unterschiedlichen Generationen und Geschlechter, die Phasen der Zustimmung und des Konflikts spielen eine zentrale Rolle bei der Entwicklung des Kindes und Jugendlichen zu einer eigenständigen Persönlichkeit. Die Struktur der Familie hat sich in der jüngsten Vergangenheit verändert. Noch in der vorindustriellen Gesellschaft war der Haushalt eine Produktionsgemeinschaft, an der bis zu vier Generationen geschlechtsunabhängig partizipierten. Wohnen, Arbeiten, Erziehen und Aufwachsen fand in den gleichen Räumlichkeiten statt und wurde von allen vertretenen Generationen wahrgenommen. Im Laufe der Industrialisierung folgte die Trennung von Wohnen und Arbeiten mit der Konsequenz, dass die Männer den Lohnarbeitsbereich für sich beanspruchten. (Peter/Epple2000:18ff.) Wollte das Bürgertum das Bild der Mutter als Hausfrau zum Ideal stilisieren, konnten sich Arbeiterfamilien und Familien in der Landwirtschaft den Luxus des männlichen Alleinverdieners aus finanziellen Gründen schlicht nicht leisten. Erst der relative Wohlstand nach dem zweiten Weltkrieg trug zur Verbreitung des bürgerlichen Familienmodells massgeblich bei.

Eine Familie in der Schweiz entspricht heute dem Modell "Zwei Erwachsene - zwei Kinder". Die dritte oder gar vierte Generation lebt nur in seltenen Fällen im gleichen Haushalt, oftmals lebt sie nicht einmal im gleichen Ort. Erziehungsaufgaben sind von der Grossfamilie auf die Kernfamilie übergegangen. Die Hauptlast der sich im Wandel befindlichen Familienstruktur tragen die Mütter. Während Männer davon ausgehen, dass sich Kinder und die sich mit ihnen verbundenen Mehrbelastungen in ihren Arbeitsalltag integrieren lassen, ändert sich die Situation der Mütter grundlegend. 70 Prozent aller Frauen mit einem Kind unter einem Jahr sind nicht erwerbstätig. Noch fünf Jahre nach der Geburt des ersten Kindes beklagt jede dritte nichterwerbstätige Mutter ihre soziale Isolation. Nur knapp zehn Prozent sind im fünften Jahr nach der Geburt ihres Kindes mit ihrer Situation zufrieden. (Raulf 1998:77) Die Männer haben aus diesen Fakten bis heute keine Konsequenzen gezogen. Für Kinder und Jugendliche hat dies Folgen. Die beruflich gestressten Väter sind nur schemenhaft in den Familien vorhanden. Oft entziehen sie sich ihren Erziehungsaufgaben oder sie reichen diese in Kurzform überdosiert nach. Söhne dieser Väter vermissen oft eine väterliche Identifikationsfigur, an der sie sich auf dem Weg zu einer positiv besetzten Männlichkeitsrolle orientieren könnten. Die in Kinder investierte Zeit, die sozial geteilte Zeit, nimmt ab, "Spagat-Ehen" oder "IC-Familien" sind keine Seltenheit. Dort, wo die gemeinsame Zeit mit Kindern wächst, etwa bei Arbeitslosigkeit, ist die Beziehung massiven psychischen Belastungen und Befindlichkeitsstörungen unterworfen.

Viele Kinder wachsen sprachlich unterversorgt auf. Den Eltern fehlen Zeit und Motivation zur Beschäftigung mit ihren Kindern. Aus Überlastungssituationen heraus dient der Fernseher als "Kindermädchen". Folgen davon können fehlende Begriffsbildung und mangelnde Kommunikationsfähigkeiten insgesamt sein. Seelische Gewalt gegen Kinder durch Isolation und Ausschluss, Bedrohung und Beschämung sind Formen praktizierten Verhaltens von Eltern, ihre Kinder an ihre eigenen Leistungs- und Verhaltenserwartungen anzupassen. Durch die hohe Wahrscheinlichkeit eines geschwisterlosen Aufwachsens entfällt die Geschwisterrivalität, die als psychologischer Lernort gilt für die Fähigkeit, eigene Interessen zu verfolgen und gleichzeitig konkurrierende Interessen zu respektieren, also Kompromisse zu schliessen.

Der Wandel der Familie drückt sich nicht nur strukturell aus. Auch die Familiengemeinschaft an sich ist unbeständig geworden. Die Scheidungsquote betrug in der Schweiz im Jahre 1996 knapp 40%. In Städten mit mehr als 100'000 Einwohnerinnen und Einwohnern ist jeder zweite Haushalt ein Single-Haushalt. Gemäss Volkszählung von 1990 leben in der Schweiz von einer Million Kinder insgesamt rund 15 Prozent in einem Ein-Eltern-Haushalt. Allein erziehend zu sein birgt zahlreiche Stressfaktoren. Robert Leu und seine Kollegen errechnen in ihrer schweizerischen Studie für Alleinerziehende einen Armutsfaktor von 2,18. (Leu 1997:155) Das heisst, Alleinerziehende haben ein 2,18mal grösseres Risiko, unter die Armutsgrenze zu fallen als der Durchschnitt der Bevölkerung. Die Forschungsgruppe um Christian Suter von der Universität Zürich kommt zu dem Ergebnis, dass allein erziehende Mütter mit mehr Mangellagen als nur den finanziellen umgehen lernen müssen. Eingeschränkte Bildungsperspektiven, unzureichende Wohnsituation, soziale Isolation, gesundheitliche Probleme und fehlende Betreuungseinrichtungen führen bei ihnen und ihren Kindern zu schwerwiegenden Einschränkungen der Lebensqualität. (Suter et al. 1996:26)

Durch Trennung der Eltern erlebt das Kind die Trennung von Bezugspersonen, und es ist gezwungen, sich mit neuen Personen auseinanderzusetzen, wenn der Vater oder die Mutter eine neue Beziehung eigehen. Gertrud Nunner-Winkler macht jedoch zu Recht darauf aufmerksam, dass Kinder, wenn eine Trennung einem schwer erträglichen Konflikt ein Ende setzt, eher gewinnen als verlieren. (Nunner-Winkler 1996) Die Psychologin führt Studien an, die belegen, dass Kinder aus Scheidungsfamilien neue Verwandschafts- und Unterstützungsnetzwerke hinzugewinnen oder zu den Grosseltern eine neue Qualität der Beziehung aufbauen. Erlebt sich das Kind dagegen allein gelassen zwischen verfeindeten Parteien, so entsteht eine belastende, isolierende Situation, in der das Kind zum Symptomträger des ganzen Systems werden kann. Die Differenzen zwischen den Erwachsenen gewinnen mit zunehmendem Alter der Kinder an Schärfe. Verlässliche, kontinuierliche Beziehungen, die Raum für eine individuelle Entwicklung als Basis für alle weiteren sozialen Kontakte lassen, sind hier nur erschwert möglich. Kinder in Ein-Eltern-Familien erleben meist die Mutter als alleinige Bezugsperson, was bei dieser Gefühle der Überforderung durch die Verantwortung für das Kind hervorrufen kann.

Der Wandel der Familien in Struktur und Beständigkeit erfordert von Kindern hohe Anpassungsleistungen. Wichtige Aspekte für eine gesunde Entwicklung, wie etwa stabile, tragfähige Beziehungen und Strukturen, sind überlastet oder entfallen gänzlich. Wechselnde Familienstrukturen, neues Wohnumfeld und zeitliche Verplanung bieten Kindern oft wenig geschützten Raum. Laut UNICEF-Bericht über die Lage von Kindern und Jugendlichen in der Schweiz (UNICEF 1999) leiden Kinder vermehrt unter den gleichen Krankheiten wie Erwachsene, d.h. Stress, Leistungsdruck, Angst vor familiären Spannungen. "Vor ähnliche Probleme wie ihre Eltern gestellt, reagieren sie trotz ihrer jungen Jahre bereits wie Erwachsene mit Schlaflosigkeit, Erschöpfungszuständen, Allergien, Essstörungen, Depressionen, Medikamentenmissbrauch und Drogen."

Freizeit

Familien sind in soziale Gemeinschaften gebunden. Kinder wachsen in Hausgemeinschaften, Siedlungen oder städtischen Quartieren auf. Das Aufwachsen in der Gleichaltrigengruppe spielt bereits für Kinder eine wichtige Rolle bei der Entwicklung der Persönlichkeit, denn Eigeninitiative und Selbstständigkeit werden gefördert. Während Jugendliche ihre Wege weitgehend autonom bestimmen können, sind Kinder bei der Anbahnung und dem Aufrechterhalten von Kontakten, auf die Hilfe von Erwachsenen angewiesen. Durch die geringe Anzahl der Kinder in der Kernfamilie kommt den sozialen Kontakten zu anderen Familien grosse Bedeutung zu. Häufig gestattet es die Wohnsituation nicht, dass diese Kontakte in geschützten Zwischenräumen im nahen Wohnumfeld stattfinden können. Anstelle der kindgerechten Selbstverständlichkeit steht eine gewisse Exklusivität und Abhängigkeit von Erwachsenen etwa in Spielgruppen oder auf Robinsonspielplätzen. Diese Angebote sind durchaus eine sinnvolle Ergänzung zu den freien Gleichaltrigengruppen, können aber bei starker Verplanung der Woche zu einer Belastung für das Kind werden. Heute mehr denn je, da insbesondere in städtischen Gebieten unüberbrückbare Entfernungen zwischen den einzelnen Angeboten liegen. *Verinselung* nennen wir heute das Phänomen, Kinder zwischen Spielgruppe, Freundinnen, Robinson-Spielplatz, Verwandten und Bekannten mit Auto, Bus, Fahrrad oder Eisenbahn transportieren zu müssen. Zu gross sind die Distanzen und zu gefährlich, um die Kinder den Weg allein zurücklegen zu lassen. Laut Familienbericht der Stadt Basel gefällt jeder fünften Familie das Wohnumfeld nicht. Vermissen werden Beziehungen zu den Nachbarn ebenso wie Treffpunkte im Quartier. 59 Prozent der Kinder können nicht direkt vor oder hinter ihrem Wohnhaus spielen, 17 Prozent können nicht in der Nähe des Wohngebäudes spielen und müssen bis zum nächsten Spielort mehr als fünf Minuten zu Fuss zurücklegen. 40 Prozent der Eltern geben an, ihre Kinder im Vorschulalter nur beaufsichtigt im Freien spielen zu lassen. (Bucher/Perrez 2000)

"Kinder, die in ungeeigneten, vom Verkehr gefährdeten Wohnumfeldern aufwachsen, sind in ihrer motorischen und sozialen Entwicklung sowie in ihrer Selbständigkeit jenen Kindern deutlich unterlegen, die im Wohnumfeld ungehindert mit anderen Kindern spielen können." Zu dieser Schlussfolgerung kommt eine im Rahmen eines Nationalen Forschungsprogramms durchgeführte Studie. (Hüttenmoser 1996) Rund 2000 Familien mit Kindern im Alter bis zu fünf Jahren hat der Zürcher Sozialwissenschaftler Marco Hüttenmoser mit seinem Team in Stadt und Kanton Zürich über ihre Wohnumgebung, Aktivitäten und Kontakte, Belastungen und Ängste befragt. Viele Kinder in der Stadt Zürich - so Hüttenmoser - verbringen heute einen Grossteil ihrer Freizeit im Haus. Dort wird kaum noch gespielt, sondern ferngesehen. Der Verkehr zwingt Kinder in die Isolation: Das enge Verkehrsnetz und die hohe Geschwindigkeit der Fahrzeuge beschneiden die Grösse des Wohnumfeldes von Familien. Kinderkontakte, aber auch Kontakte unter Eltern werden erschwert. Der Privatgarten leistet keine Abhilfe. So hat die Studie ergeben, dass sich nur in Ausnahmefällen Kontakte für Kinder und Eltern ergeben, wenn die Sprösslinge den ganzen Tag im eigenen Garten verbringen. Damit widerlegt Hüttenmoser eine gängige Behauptung, dass die Bevölkerungsdichte an der Isolation von Familien Schuld wäre ("Je mehr Menschen in einem Wohngebiet leben, um so höher ist die Anonymität und um so grösser die Isolation."). "Die Isolation ist eine Folge des Strassenverkehrs", so der Forscher. Ein Wohnumfeld von "guter Qualität" dagegen stärkt die Sesshaftigkeit von Familien. Dazu müssen Quartierstrassen so gestaltet werden, dass bereits jüngere Kinder auf ihnen wieder ungefährdet spielen können. Ferner gilt es, kombinierte Begegnungs- und Spielorte zu schaffen. Diesen darf allerdings nicht das geeignete Material wie Bälle, Dreiräder, Werkzeug u.ä. fehlen. An diesen Orten finden auch Eltern Kontakte zu anderen Eltern. Hauptstrassen müssen so gestaltet sein, dass bereits Kinder ohne Gefahr an ihnen entlanggehen oder sie überqueren können.

Die Identifikation über die Jugendkulturen spielt für viele Jugendliche eine wichtige Rolle. Damit kommt dem offenen Freizeitbereich eine grosse Bedeutung zu. Es wird bisweilen sogar von einem "Rückzug in die Jugendkultur" gesprochen. (Röthlisberger 1997) Die Jugendlichen lösen sich insbesondere emotional von den Eltern und binden sich vermehrt an Gleichaltrige. Durch die Gleichaltrigengruppe kann die Ich-Akzentuierung im Jugendalter verstärkt werden. Denn alle Jugendlichen befinden sich in derselben psychosozialen Lage - im Übergang vom abhängigen Kind zum stärker eigenverantwortlichen Erwachsenen, wo Rollenklärung notwendig und Rollenunsicherheit zu überwinden ist. Jugendliche bewegen sich auf dieser Suche nach neuen Orientierungsleitbildern für eine gewisse Zeit weg von den Erwachsenen und den von ihnen geschaffenen Institutionen. Diese Abgrenzung ist eine Herausforderung für alle Beteiligten. Autoritäten werden hinterfragt. Konflikte gehören zu dieser Zeit der Autonomiebestrebungen. Viele Jugendliche nutzen weiterhin bestehende Angebote wie Turnvereine, Musikvereine oder kirchliche Gruppen, um ihre Freizeit zu gestalten. Andere dagegen finden keinen Zugang zu diesen herkömmlichen Formen organisierter Jugendaktivitäten oder kehren ihnen den Rücken. Sie treffen sich in ihrer Freizeit mit ihrer Clique zu verschiedenen Aktivitäten an unterschiedlichen Orten und suchen nach Nischen und einer Integration in die Gleichaltrigengruppe.

In der Schweiz verbringt jede dritte Person im Alter zwischen 15 und 19 Jahren täglich einige Stunden ausser Haus mit der Gleichaltrigengruppe, jede vierte besucht mindestens einmal wöchentlich die Disco, das Kino oder ein Lokal, ebenso viele engagieren sich in Vereinen, Clubs oder Gruppen. Weniger attraktiv ist für die 15- bis 19-Jährigen ein religiöses, kulturelles und politisches Engagement: Nur jede zehnte Person besucht einmal im Monat die Kirche, zwei Drittel besuchen selten oder nie eine klassische Kulturveranstaltung und 95 Prozent nehmen selten oder nie an einer politischen Veranstaltung teil.

Jugendliche im offenen Freizeitbereich stossen oft auf vehementen Widerstand, denn schnell werden Jugendliche gerade hier störend wahrgenommen. Sie fallen auf durch ihr Erscheinungsbild, ihre Musik, ihre Lautstärke, ihre Hartnäckigkeit. Diese Formen der Identitätssuche werden von vielen Erwachsenen als Provokation aufgefasst und somit zum Gegenstand einer dauernden Auseinandersetzung. Das Jugendalter und das damit einhergehende In-Frage-Stellen bestehender Strukturen birgt aber auch eine Chance für die Erwachsenen. Wenn diese versuchen, sich den Forderungen, Anregungen und Wünschen trotz der schwierigen Situationen, die in unterschiedlichen Lebensphasen immer wieder entstehen, nicht zu verschliessen und im Dialog bleiben, können Jugendliche Schritt für Schritt in ihre eigene Erwachsenenwelt hineinwachsen.

Durch das Verantwortungsbewusstsein gegenüber den Jugendlichen entstehen vielerorts Jugendkonzepte. Diese zielen darauf ab, Leitideen für eine selbstbestimmte, aktive Jugendkultur innerhalb des Gemeinwesens zu entwickeln: Jugendliche müssen mitbestimmen dürfen. Das setzt voraus, dass sie ihre eigenen Bedürfnisse wahrnehmen und vertreten können. Zu einer lebendigen Jugendkultur gehört es, in eigener Verantwortung Aktivitäten zu entwickeln, zu organisieren und durchzuführen. Zur Umsetzung müssen die Ressourcen von den Erwachsenen zur Verfügung gestellt werden, da diese allein über die benötigten Mittel wie Raum, Geld und Entscheidungsstrukturen verfügen. Jugendliche und Erwachsene sollen auf Strukturen zurückgreifen können, die den konstruktiven Umgang miteinander – in konfliktären wie konfliktfreien Situationen - ermöglichen. Bedingungen sind Transparenz in den Prozessen der Entscheidungsfindung, ein vorurteilsfreier Umgang und die Kenntnis der unterschiedlichen Lebenswelten (Erwachsenen- und Jugendlichenwelt). Jugendliche brauchen Fürsprecherinnen und Fürsprecher in Form von fachlich ausgebildeten Personen und von engagierten "Laien". Diese kennen die Bedürfnisse der Jugendlichen aus dem täglichen Umgang mit ihnen und vertreten auf verschiedenen Ebenen innerhalb der Verwaltung deren Interessen. Sie beraten in Konfliktsituationen und schaffen Dialogbereitschaft auf beiden Seiten. Jugendliche brauchen eigene "Räume": Schulen, Ausbildungs- und Arbeitsplätze sowie ein angepasster Freizeitbereich bieten Jugendlichen die Chance, sich in ihrem Lebensraum zu entfalten und ihn mit ihrem Leben zu füllen. Doch nicht nur der pädagogische und politische Bereich ist gemeint - zu einem Lebensraum für die Jugendlichen gehören auch Nischen, in denen Jugendliche fern der Kontrolle durch Erwachsene Erfahrungen sammeln können.

Schule

Über 20'000 Stunden verbringt ein Kind heute in der Schule. Die Verweildauer von Kindern und Jugendlichen in der Schule ist in den letzten 50 Jahren durch die Verlängerung der obligatorischen Schulzeit, Überbrückungsangebote und nachobligatorische Angebote deutlich gestiegen, sodass heute durchaus davon gesprochen werden kann, dass die Jugendphase in erster Linie eine Schulphase ist. Im Zuge der längeren Bildungsphase nimmt die Bedeutung der Schule für das spätere Leben zu. Die Integration in die Berufswelt wird vorbereitet, spezifische Qualifikationen für die Arbeitswelt werden erworben. Kurz: Der schulische Erfahrungsraum ist zu einer die Biographie wesentlich beeinflussenden Einrichtung geworden. Wie sich die Schule als die von der Gesellschaft beauftragte Bildungseinrichtung versteht, wie sie ihre Binnenstruktur definiert, welche Werte die Interaktionen zwischen Lehrkräften, Schülerinnen und Schülern leiten, dazu liegen unterschiedlichste Konzepte vor. Ob Bielefelder Laborschule, Montessori-Schule, Rudolf-Steiner-Schule oder neue Konzepte von Schulen als Lernzentren oder der Community Education: im Grunde geht es um die Beantwortung der Fragen, welche gesellschaftlichen Funktionen die spezifische Schule in den Vordergrund stellt und wie sie diese zu operationalisieren versucht.

Der Amerikaner Talcott Parson hatte bereits 1964 in seinem Aufsatz über die "Schulklasse als soziales System" mit Sozialisation und Selektion zwei Funktionen der Schule definiert. Dabei verstand er unter der *Sozialisationsfunktion* "die Entwicklung von Bereitschaften und Fähigkeiten der Individuen als wesentlicher Voraussetzung ihrer späteren Rollenerfüllung" (Parson 1997:162). Damit meint Parson einerseits die Bereitschaft zur Übernahme allgemeiner Werte der Gesellschaft und andererseits den Willen zur Übernahme der spezifischen Rolle in der Gesellschaft. Daneben werden durch die individuellen Leistungen der Schülerinnen und Schüler Fähigkeiten erworben, die sich auf dem Arbeitsmarkt in Berufstätigkeit umsetzen lassen. Insofern übernimmt die *Selektionsfunktion* die Verteilung der Arbeitskräfte oder, ökonomisch ausgedrückt, die Allokation der Individuen.

Helmut Fend nahm in den 1970er Jahren diese Differenzierung auf und legte eine Systematik vor, die drei Reproduktionsfunktionen des Schulsystems unterscheidet. (Fend 1974:58ff.) Unter *Qualifizierung* versteht Fend die "Vermittlung von Fähigkeiten und Kenntnissen, die zur Ausübung konkreter Arbeit und zur Teilnahme am gesellschaftlichen Leben erforderlich sind". Die Sprache, Schreiben, Rechnen, aber auch der Erwerb spezifischer Berufsqualifikationen zählen hierzu. Die Qualifikationen werden im Prozess des Unterrichts erworben und entscheiden über die konkrete Stellung im Berufs- und Beschäftigungssystem. *Selektion* zielt auf die Sozialstruktur einer Gesellschaft ab und regelt die Verteilung von Positionen, Macht und Einfluss. Über die Selektionsfunktion, ausgedrückt in Form von Prüfungen oder Berechtigungen, übt die Schule letztlich massgeblichen Einfluss auf die Verteilung von Lebenschancen aus. Selektion orientiert sich dabei weniger am Individuum mit seinen spezifischen Begabungen, Wünschen oder Vorstellungen. Vielmehr geht es um die Bereitstellung der von der Gesellschaft insgesamt benötigten (oder benötigt geglaubten) Qualifikationen und Positionen. Schliesslich zielt die *Integration* auf die politische Funktion der Schule ab. Es geht um die Vermittlung von Normen und Werten, die gesellschaftliches Zusammenleben möglich machen, regeln und sanktionieren. Politische Orientierungen finden in der Schule als "Mikrokosmos" der Gesellschaft ihren Raum, werden diskutiert, verworfen oder zementiert.

Kritisch beleuchten Erich Hollenstein und Jan Tillmann (1999:36ff.) diese Systematik. Wie sollen Lehrkräfte die individuellen Fähigkeiten der Schülerinnen und Schüler fördern, wenn sie deren Qualifizierungsprofil an den Notwendigkeiten des Arbeitsmarktes ausrichten? Wie will Schule den Unterschied von Arm und Reich und seinen Einfluss auf das Schulgeschehen beseitigen? Wie will Schule Geschlechterstereotypen aufweichen und Jungen und Mädchen eine Identität vermitteln, wenn "Inhalte über Beziehungen" stehen? Schule, das ist - so die beiden Autoren - ein überfordertes gesellschaftliches Teilsystem. Und die Spannungen inhaltlicher und emotionaler Art sind nicht durch die Schule alleine lösbar. Die optimale Bewältigung integrativer Aufgaben sei nur in einer idealen Gesellschaft möglich, was immer ideal heisse.

Abbildung 1: Reproduktionsfunktionen des Schulsystems [aus: Fend, Helmut (1974)]

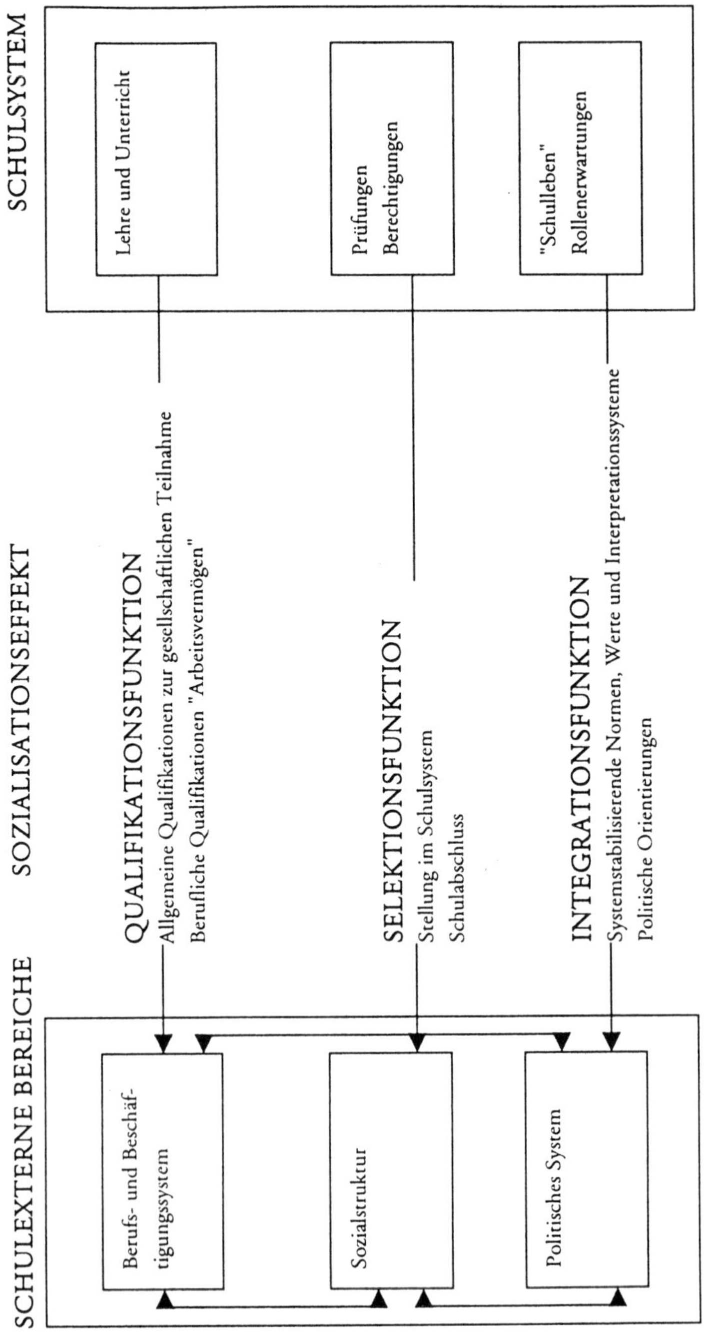

Beruf

Arbeitslosigkeit, Unterbeschäftigung oder niedrige Einkommen sind Wesensmerkmale global agierender Volkswirtschaften. Im Wettbewerb um Berufschancen ist Bildung *die* zentrale Ressource. Über den Erwerb von Bildungsgütern entscheidet sich langfristig die Stellung im Arbeitsmarkt- und Beschäftigungssystem, *dem* Schlüssel für die Berufs- und Lebenschancen. (Hanesch 1990:185) Der Beruf hat nicht nur eine ökonomische Funktion. Bereits die Berufswahl ist ein Prozess des Jugendlichen, sich mit der eigenen Zukunft auseinanderzusetzen. Es ist der Beginn der Verselbständigung, was als wesentliches Kennzeichen eines jungen Menschen definiert wird. (Wahlen/Witzel 1995:11ff.) Der junge Mensch, der sich mit seiner (beruflichen) Zukunft auseinandersetzt, verändert seinen Status: von der abhängigen Position des Schülers zum unabhängigen Status des Erwachsenen mit aller ökonomischen Selbstbestimmung. Der Wettbewerb um Lohnhöhe, die Anerkennung und Arbeitszufriedenheit auf dem Arbeitsmarkt bestimmen den Prozess der beruflichen Sozialisation und qualifizieren junge Menschen für die Übernahme von Verantwortung in anderen Lebensbereichen.

In Europa ist die Lage der Jugendlichen auf dem Arbeitsmarkt als unbefriedigend einzustufen. Die durchschnittliche Jugendarbeitslosigkeit ist bis 1998 auf 13 Prozent gestiegen. Viele Jugendliche erleben längere Phasen der Arbeitslosigkeit, die gelegentlich durch Niedriglohnbeschäftigung unterbrochen werden. Betroffen sind insbesondere Jugendliche aus armen oder zerrütteten Familien und Jugendliche mit schlechten schulischen Leistungen. (OECD 1999) In der Schweiz waren im Jahr 1997 rund 14 Prozent aller Empfänger von Arbeitslosengelder jünger als 25 Jahre, sechs Prozent der Langzeitarbeitslosen (länger als ein Jahr arbeitslos) gehörten in diese Altersgruppe. (Caritas 1999) Wer den Weg in den regulären Arbeitsmarkt nicht findet, dem bleibt der Gang zum Fürsorgeamt selten erspart. In ihrem Bericht verweist die Städteinitiative "Ja zur Sozialen Sicherheit" - der Zusammenschluss der Sozialvorstände von 31 Schweizer Städten - darauf, dass 5,4 Prozent der städtischen Bevölkerung Sozialhilfe beziehen. Die Sozialhilfedichte, die das Sozialhilferisiko einer Altersklasse angibt, ist bei Kindern und Jugendlichen unter 18 Jahren in allen Städten die höchste aller Altersklassen. (Städteinitiative 2000) In Basel ist die Zahl der Fürsorgefälle in den letzten fünf Jahren um 55 Prozent auf über 11'000 Personen gestiegen. Davon sind knapp 1200 Personen zwischen 18 und 25 Jahre alt. Nur 19 Prozent der Abgängerinnen und Abgänger der Weiterbildungsschule im Kanton Basel-Stadt, dem obligatorischen 8. und 9.

Schuljahr, schaffen den Weg direkt in eine Lehre, obwohl sich dieser Schultyp durch seinen berufsvorbereitenden Charakter auszeichnet.

Zwischenjahr, Brückenangebot oder Temporärarbeit gehören heute zur Realität der Bildungskarriere vieler Jugendlicher. Fast jede sechste Person im Alter zwischen 21 und 25 Jahren schafft den Eintritt in eine Ausbildungsinstitution nicht mehr. Dabei gilt: Frauen haben häufiger keine Ausbildung als Männer, Jugendliche mit tiefer Schichtzugehörigkeit bleiben eher ohne Ausbildung als Mittelschichtsjugendliche, Jugendliche mit ausländischen Eltern der jüngeren Einwanderungsgeneration (Portugal, Türkei, ehemaliges Jugoslawien) verbleiben deutlich häufiger ohne Ausbildung als Jugendliche mit Schweizer Eltern oder mit ausländischen Eltern, die aus traditionellen Einwanderungsländern (Italien, Spanien, Frankreich) stammen. (Schweizerische Konferenz der Gleichstellungsbeauftragten 1999:94f.) Für gering qualifizierte Personen wird dann auch die Familiengründung zum Armutsrisiko. Der Familienbericht der Stadt Basel zeigt, dass 53 Prozent der Eltern im Kanton kein Geld zum Sparen haben. Zwischen vier und acht Prozent leben unterhalb der Armutsgrenze. Für 45 Prozent der Eltern hat sich die finanzielle Situation in den letzten fünf Jahren verschlechtert. 20 Prozent der Eltern müssen häufig oder immer auf bestimmte Ausgaben verzichten, etwa auf gemeinsame Ferien. (Bucher/Perrez 2000:123) Auch hier gilt, dass Ein-Eltern-Familien und Eltern nichtschweizerischer Nationalität den grössten Belastungsfaktoren ausgesetzt sind.

Obwohl sich die Lehrstellensituation in der Schweiz als entspannt darstellt, beobachten wir einen Strukturwandel auf dem Ausbildungsmarkt zu Lasten schulisch schlecht gerüsteter Jugendlicher, ausländischer Jugendlicher aus neueren Einwanderungsländern sowie junger Frauen. Beinahe jeder vierte ausländische Jugendliche beginnt keine berufliche oder allgemein bildende Ausbildung nach der obligatorischen Schulzeit. (Lischer 1997) In Basel schufen gezielte Kampagnen innerhalb zweier Jahre 400 neue Lehrstellen. Die Zahl der unbesetzten Lehrstellen im Kanton Basel-Landschaft erreichte im Jahr 2000 die von der Regierung erwünschte Zahl 200. Dennoch stellt der Bund in den Jahren 2000 bis 2004 insgesamt 100 Millionen Franken zur Verfügung, um der Selektivität des Lehrstellenmarktes zu begegnen. In Basel gibt es über 100 verschiedene Integrationsangebote im Berufsbildungsbereich. Projekte in Winterthur oder Lausanne versuchen, Persönlichkeiten aus der Wirtschaft als Paten für schulisch schlecht gerüstete Jugendliche zu gewinnen, die an den Lehrstellen für die schwierige Lage des "Patenkindes" sensibilisieren.

Unsere Gesellschaft ist durch eine starke Leistungsorientierung gekennzeichnet. Das Mass an Erfolg und damit der Zugang zu den unterschiedlichen Handlungs- und Gestaltungsmöglichkeiten innerhalb einer Gesellschaft, nicht mehr die

Schicht- oder Klassenzugehörigkeit wurden zum Kriterium für individuelles Lebensempfinden. Erfolg ist der zentrale Bewertungsmassstab und sichert den Status in der Gesellschaft. Für die Jugendlichen hat dieses Leistungsparadigma ("Hilf Dir selbst", "Hast Du was, dann bist Du was", "Erfolg ist machbar", "Leistung muss sich wieder lohnen") Folgen. Im Prozess der gesellschaftlichen Modernisierung wird die Jugend eine immer ausgeprägtere Lebensphase, die Bildungsübergänge werden offener, es kommt häufig zu einer Unklarheit über die weiteren Entwicklungsbedingungen. Am Ende stehen die, die es geschafft haben, die "Wohlstandschauvinisten", den "Modernisierungsverlierern" gegenüber. Während Erstere das Resultat einer stromlinienförmig sozialisierten Erfolgsgeneration sind, stellen Letztere Angehörige einer Generation, die dem permanent erlebten Anspruch, den wachsenden Leistungsanforderungen in Schule, Beruf und vor allem sozialen Beziehungen gerecht zu werden, kaum genügen können und sich massiven Statusverunsicherungen ausgesetzt sehen. (Wendt 1993)

Belastungsfaktoren

Wenn im vorangegangenen Abschnitt auf Veränderung unserer Gesellschaft in den Bereichen Familie, Freizeit, Schule und Berufswelt hingewiesen wurde, so soll keinesfalls behauptet werden, dass heute alle Jugendlichen sozial isoliert in Ein-Eltern-Familien am Rande der Armut leben. Soziale Einsamkeit kann auch in einer Grossfamilie stattfinden. In der Gleichaltrigengruppe finden Jugendliche Perspektiven, ihre Freizeit zu gestalten. Engagierte Lehrkräfte setzen sich für die individuelle Entwicklung einer Schülerin ein, auch wenn sie deren Marktfähigkeit in einem anderen Bereich sehen. Und die dritte Absage für eine Lehrstelle bedeutet noch lange keinen Ausschluss aus dem Arbeitsmarkt und den Beginn einer Fürsorgekarriere. Nach wie vor besteht unter den Jugendlichen ein breiter Konsens in Richtung auf Beruf und Familie, bereiten sich Jugendliche nicht auf ein Leben in der Spass- und Freizeitgesellschaft vor. (Deutsche Shell 2000:15)

Es geht darum aufzuzeigen, dass die Lebenssituation von jungen Menschen heute sehr viel spannungsreicher und konfliktgeladener ist, als es vielleicht unsere eigene war. Es soll hervorgehoben werden, dass wir heute nicht mehr jene *Normalbiographien* vorfinden können, die wir bis vor 20 Jahren noch als Regelfall erwarteten. Es gibt keine zuverlässigen Studien zu der Frage, ob die Zahl der Jugendlichen mit psychosozialen Belastungen im Verlauf der letzten Jahrzehnte zugenommen hat. Schätzungen gehen davon aus, dass heute zwischen 25 und 30 Prozent aller Jugendlichen betroffen sind. Fend (2000:438) bezeichnet das Jugendalter als "das wichtigste Eintrittsfenster in Problemverhalten".

Das Wissen um psychosoziale Belastungen bei Kindern und Jugendlichen gehört damit in den beruflichen Rucksack von all denen, die mit jungen Menschen zu tun haben. Psychosoziale Belastungen drücken sich in vielfältiger Weise aus. Engel und Hurrelmann (1989:2) unterscheiden vier Indikationsformen: Psychosomatische und emotionale Stress-Symptome (Schwindelgefühl, Übelkeit, Appetitlosigkeit, Einsamkeit etc.), Selbstwertprobleme, sozial abweichendes Verhalten (Absenzen, Regelverletzungen, Aggressivität, Gewalt etc.) und Drogenkonsum. In ihrer vierjährigen Studie zur psychosozialen Belastung im Jugendalter untersuchten die beiden Autoren geschlechtsspezifische Ausprägungen psychosomatischer Beschwerden. Dabei hielten sie fest, dass Mädchen mit ihrem Gesundheitszustand deutlich unzufriedener sind als Jungen. Jungen neigen stärker als Mädchen dazu, die Signale des Körpers zu ignorieren. Sie registrieren erst spät (wenn überhaupt), dass sie sich in einer Überforderungssituation befinden. Mädchen neigen im Allgemeinen eher zu innengerichteten ("rückzugsorientierten") und Jungen eher zu aussengerichteten ("konfliktorientierten") Reaktionsformen bei Belastungen (Hurrelmann 1997:222).

Eine repräsentative Studie zur Situation der ausländischen Jugendlichen in Basel-Stadt zeigt auf, dass ausländische Mädchen im Verhältnis zu Schweizer Mädchen ein deutlich geringeres Selbstvertrauen haben (Tabelle 1). Besonders ausländische Jungen bezweifeln ihre Fähigkeit, Probleme selbst in den Griff zu bekommen. Fast jeder vierte Ausländer fühlt sich unfähig, für sich selbst zu sorgen. Zudem geben ausländische Jungen und Mädchen signifikant häufiger als Schweizer Jugendliche an, Probleme mit den Eltern zu haben und häufig alleine zu sein. (Bowley/Kaiser 1997:30)

Tabelle 1: Selbstberichtete Belastungen 11- bis 16-jähriger Jugendlicher (in Prozent, N=788)

"Ich fühle mich einsam"	Ausländerinnen	Ausländer	Schweizerinnen	Schweizer
häufig	22	9	14	8
manchmal	56	61	67	48
nie	22	30	19	44
"Ich habe das Gefühl der Unfähigkeit, für mich selbst zu sorgen und Probleme lösen zu können"				
oft bis immer	13	24	3	2
manchmal	44	32	34	21
selten	28	29	46	48
nie	15	15	17	29
"Ich bin mehrmals in der Woche bis fast täglich..."				
müde	51	32	42	41
nervös	30	19	18	12
gereizt	21	14	20	13
bedrückt/traurig	22	13	19	9
Ich nehme Medikamente gegen				
Kopfschmerzen	42	34	30	25
Bauchschmerzen	44	21	26	9
Müdigkeit	15	19	8	8
Nervosität	13	15	8	6
Rauchgewohnheiten				
Ich habe schon einmal geraucht	40	42	40	44
Ich rauche heute noch	19	17	26	19

"Ich sorge mich am meisten, weil ich ..."	Ausländer/innen	Schweizer/innen
nicht weiss, was ich will	27	23
nicht so gut aussehe, wie ich gerne möchte	20	26
nicht so bin, wie ich sein will	22	16
nicht machen kann, was ich will	22	16
Probleme mit Vater/Mutter habe	23	15
alleine bin	17	10

aus: Bowley/Kaiser (1997)

Entwicklungsaufgaben

Die Veränderungen in der Gesellschaft stellen die Familie, die Einrichtungen im Freizeitbereich, Schule und Berufswelt vor grosse Herausforderungen. Es gilt, die Individualität von Kindern und Jugendlichen und ihrem sozialen Umfeld vor dem gesellschaftlichen Hintergrund wahrzunehmen und Konsequenzen für das professionelle Selbstverständnis zu ziehen. Institutionen können nicht tradiert werden, wenn die Gesellschaft sich ändert. Dies gilt auch für die Schule, und Schulsozialarbeit ist eine Möglichkeit zu Veränderungen. In welche Richtung aber zielen diese Veränderungen? Was kann eine Orientierungshilfe für Pädagoginnen, Lehrmeister, Väter oder Jugendhausleiterinnen bieten? Ein wichtiges Konzept stammt von Robert J. Havighurst (1982). Der Psychologe hatte mit seinem Team in den 1930er und 1940er Jahren in Chicago die These aufgestellt, dass jedes menschliche Handeln auf Zielen basiert, an denen sich der (junge) Mensch orientiert. Diese Ziele stellen die Entwicklungsaufgaben dar, die nicht statisch sind, sondern sich in der jeweiligen Situation unterschiedlich darstellen. Insofern sind Entwicklungsaufgaben dynamisch, verändern sich im Zeitablauf. Das Konzept der Entwicklungsaufgaben fand im deutschsprachigem Raum Anerkennung. Zuletzt widmete der Zürcher Psychologieprofessor Helmut Fend (2000:210ff.) diesem Konzept grossen Stellenwert in seinem Buch "Jugendpsychologie des Jugendalters" (siehe Tabelle 2, Seite 35).

Entwicklungsaufgaben - so die Psychologin Dorothea Gautschin (Drilling/ Gautschin 2001) - stellen sich für das Individuum auf Grund physischer Reifung, individuellen Strebens und gesellschaftlicher Erwartungen. Sie geben vor, was in bestimmten Lebensphasen zu erlernen ist, um Herausforderungen und Belastungen zu meistern. Erfolgreiche Bewältigung der Entwicklungsaufgaben führt zur Zufriedenheit und ermöglicht angemesseneres Lösen späterer Aufgaben, während Scheitern das Individuum verunsichert und mit gesellschaftlicher Missbilligung und Schwierigkeiten beim Lösen zukünftiger Aufgaben verbunden ist. Wichtig bleibt festzuhalten, dass Entwicklungsaufgaben nicht starr sind: Sie beschreiben die Leitplanken, in denen sich ein junger Mensch entwickelt, nicht die alltägliche Herausforderung.

Bereits im Vorschulalter lernen die Kinder Beziehungen zu Gleichaltrigen aufzubauen. In vorerst spielerischen Auseinandersetzungen entwickeln sich Grundsteine des Sozialverhaltens. Es geht um "Mein und Dein", um den Verzicht auf Eigenes zu Gunsten der Beziehung, um den Aufbau elternunabhängiger Kontakte. Im Jugendalter werden die Beziehungen zu Gleichaltrigen neu definiert. Es werden erste Partnerschaften erprobt. Krisen können entstehen, wenn durch Vorurteile von Teilen der Gesellschaft oder der Bezugsgruppen der eigene Handlungsspielraum eingeschränkt wird.

Durch Identifikation und Nachahmung entstehen Verhaltensweisen mit denen sich ein Kind klar seinem eigenen Geschlecht zuordnet. Das Rollenverhalten wird bereits in der Kindheit erlernt. Im Rahmen der Adoleszenz übernehmen Jugendliche die zugehörige Geschlechterrolle. Wichtig sind Vorbilder, die positiv erlebt werden und zu denen eine Beziehung besteht. Über die Auseinandersetzung mit gleichgeschlechtlichen Erwachsenen entstehen Abgrenzungen und neue Formen, aber auch Übernahmen bestimmter Verhaltensweisen.

Während Kinder sich spielerisch, sportlich mit ihrem Körper auseinandersetzen, müssen Jugendliche ihren sich während der Pubertät verändernden Körper neu kennen und akzeptieren lernen. So steht der Körper und die Inszenierung des eigenen Auftretens im Zentrum von Jugendkulturen. Mit ihrem Auftreten lösen Jugendliche Reaktionen der Umwelt aus. Sie nehmen sich dadurch als Persönlichkeit wahr und bauen ihr Selbstwertgefühl auf.

Um Autonomie zu erlangen, müssen sich Jugendliche emotional von früheren Bezugspersonen distanzieren und Beziehungen umgestalten. Gefühlsbindungen verändern sich. Die Abhängigkeit von den Eltern nimmt ab und macht einer partnerschaftlicheren Beziehung Platz, was kaum ohne Auseinandersetzung gelingt und für Jugendliche wie Eltern schmerzhaft sein kann. Obgleich Jugendkulturen durch andere Beziehungs- und Handlungsangebote als alternative Identitätsbasis fungieren, können Konflikte und Krisen innerhalb und zwischen den Sozialisationssystemen entstehen. Viele Jugendkulturen setzen heute eine hohe finanzielle Mittelverfügbarkeit voraus. Das kann bei Jugendlichen mit geringen konsumptiven Mitteln psychosoziale Risiken bedeuten, weil ihre Teilhabe und ihr Status in der Gruppe gefährdet sind.

Jede Kultur ist auf die biologische Reproduktion ihrer Gesellschaft angewiesen. Doch wird die Vorbereitung auf Ehe und Familie heute kaum mehr im traditionellen Sinne geleistet. Häufig steht die gegenwärtige Existenzform im Mittelpunkt. Jugendliche sind gefordert, kreative Lösungen für Konzepte des Miteinanders und komplexe, wechselnde Bindungsverhältnisse zu finden, unterschiedliche Lebensstile und partnerschaftliche Lebens- und Beziehungsformen zu erproben. Doch heisst das noch nicht, dass sich diese Konzepte für zukünftige Familiengründung und Kinderversorgung eignen.

Die Jugendphase wird immer auch als Vergesellschaftungsprozess definiert, der auf die Eingliederung ins Berufsleben und den wirtschaftlichen Verwertungsprozess hinzielt. Jugendarbeitslosigkeit, knappe Studienplätze und Lehrstellenmangel verringern die beruflichen Chancen und beeinträchtigen die Entwicklung junger

Menschen. Hier sind die Belastungsfähigkeiten von Jugendlichen gefordert, da unsere Gesellschaft heute mit einer Sockelarbeitlosigkeit leben muss und Wert und Status des Einzelnen nicht mehr nur über die Arbeit definiert werden können.

Der Aufbau eines Wert- und Moralsystems, das mit dem eigenen Gewissen übereinstimmt, ist eine weitere Entwicklungsaufgabe der Jugendzeit. Doch Autonomie der Werte wird nicht oder nur teilweise von der Mehrheit der Jugendlichen erreicht. Der rasche soziale Wandel und der Wertepluralismus erlauben zwar unterschiedliche Verhaltensmöglichkeiten, doch erhöhen sie gleichzeitig die Angst vor Ungewissheit, Beliebigkeit und Sinnentleerung.

Jugendliche sind gefordert, gesellschaftliche und politische Verantwortung zu übernehmen. Schwierigkeiten und Brüche sehen wir bei ausländischen Jugendlichen und solchen in prekären Lebenslagen. Denn einerseits verlangt die Gesellschaft die Pflichtenübernahme von allen Jugendlichen, andererseits schliesst sie ausländische Jugendliche von der Teilhabe an politischen Rechten aus. Bei den unterprivilegierten Jugendlichen stellt sich die Frage, wie diese mit der Kränkung umgehen, in der Gesellschaft keinen anerkannten Status zu erhalten.

Ob Hilfestellungen im Prozess des Erwachsenwerdens überhaupt von Lehrkräften geleistet werden können, dazu gibt es sehr unterschiedliche Auffassungen. Die Schulpädagogik und insbesondere ihre reformerischen Strömungen trauen es den Pädagoginnen und Pädagogen zu, wenn sie von der "lebensweltorientierten Schule" oder dem "Haus des Lernens" sprechen. Auch die Vision "sozialpädagogische Schule", die im nächsten Kapitel vorgestellt wird, ist nur realisierbar, wenn die Lehrkräfte sich methodisch in den Bereichen Beratung und Begleitung qualifizieren. Andere Fachpersonen wie Karl-Heinz Braun und Konstanze Wetzel von der Fachhochschule Magdeburg äussern Bedenken an der Wandlungsfähigkeit der Schule und ihrer Lehrkräfte. Sie konstatieren einen Unterricht, der zur Lebenswirklichkeit und Erfahrungswelt der Kinder und Jugendlichen "in einer erheblichen Distanz" steht, und attestieren den Lehrkräften, dass sie diesem Lebensweltbezug für das eigene Handeln nur einen geringen Stellenwert einräumen. (Braun/Wetzel 2000:57) Das heisst, dass die Lehrkräfte um die unzeitgemässe Art ihres Unterrichtens wissen, gleichzeitig aber nicht die Notwendigkeit erkennen oder das Engagement aufbringen, diese Situation zu verändern. Welche Interpretation auch immer gilt, eines ist sicher: Wo Schulsozialarbeit in einem Schulhaus beginnt, Kindern und Jugendlichen im Kontext des Erwachsenwerdens Hilfestellungen zu bieten, ist sie darauf angewiesen, mit den Lehrkräften gemeinsam über Entwicklungsaufgaben und die daraus resultierenden Herausforderungen für die Schule und die Schülerinnen und Schüler nachzudenken und zu diskutieren.

Tabelle 2: Entwicklungsaufgaben im Lebenslauf

Mittlere Kindheit	Adoleszenz	Frühes Erwachsenenalter
(6-12 Jahre)	(12-18 Jahre)	(18-30 Jahre)
1. Erlernen körperlicher Geschicklichkeit, die für gewöhnliche Spiele notwendig sind	1. Neue und reifere Beziehungen zu Altersgenossen beiderlei Geschlechts aufbauen	1. Auswahl eines Partners
2. Aufbau einer positiven Einstellung zu sich als einem wachsenden Organismus	2. Übernahme der männlichen oder weiblichen Geschlechtsrolle	2. Mit dem Partner leben lernen
3. Lernen, mit Altersgenossen zurechtzukommen	3. Akzeptieren der eigenen körperlichen Erscheinung und effektiven Nutzung des Körpers	3. Gründung einer Familie
4. Erlernen eines angemessenen männlichen oder weiblichen Rollenverhaltens	4. Emotionale Unabhängigkeit von den Eltern und von anderen Erwachsenen erreichen	4. Versorgung und Betreuung der Kinder
5. Entwicklung grundlegender Fertigkeiten im Lesen, Schreiben und Rechnen	5. Vorbereitung auf Ehe und Familienleben	5. Ein Heim herstellen; Haushalt organisieren
6. Entwicklung von Konzepten und Denkschemata, die für das Alltagsleben notwendig sind	6. Vorbereitung auf eine berufliche Karriere	6. Berufseinstieg
7. Entwicklung von Gewissen, Moral und einer Wertskala	7. Werte und ein ethisches System erlangen, das als Leitfaden für das Verhalten dient - Entwicklung einer Ideologie	7. Verantwortung als Staatsbürger ausüben
8. Erreichen persönlicher Unabhängigkeit	8. Sozial verantwortliches Verhalten - Entwicklung einer Ideologie	8. Eine angemessene soziale Gruppe finden
9. Entwicklung von Einstellungen gegenüber sozialen Gruppen und Institutionen		

aus: Helmut Fend (2000:211)

Grundpositionen zur Schulsozialarbeit

"Ziel der Schulsozialarbeit ist es, des Kindes potentielle Stärken und Fähigkeiten für eine befriedigende, effektive und akzeptable Ausführung der Rolle des Schülers zu erreichen", definiert Henry Maas die Aufgabe der Schulsozialarbeit. (Maas 1966 zitiert nach Abels 1971:355) Ähnlich argumentieren Braun und Wetzel: "[Unter Schulsozialarbeit] verstehen wir die Gesamtheit der sozialen und pädagogischen Aktivitäten von Fachkräften der sozialen Arbeit und Erziehung, die sozialpädagogische Profilbildung in der Schule und ihrem Umfeld anzuregen, zu unterstützen und durch eigene Angebote zu erweitern." (Braun/Wetzel 2000:2) Dabei verstehen sie unter sozialpädagogischer Profilbildung "die Gesamtheit der sozialen und pädagogischen Bemühungen, die Lernfähigkeiten und -bereitschaften der Kinder/Jugendlichen, damit auch ihre Unterrichtsfähigkeiten und -bereitschaften zu fördern und zu erhalten, immer häufiger auch diese überhaupt erst herauszubilden" (Braun/Wetzel 2000:66).

Anders als diese einseitig auf schulische Ziele ausgerichtete Schulsozialarbeit sieht Bernd Stickelmann diese als "der Versuch, soziale Probleme und Spannungen, denen besonders Kinder und Jugendliche aus unterpriviligierten - häufig auch unvollständigen - Familien ausgesetzt sind und die vor allen Dingen durch den Selektionscharakter der Schule entstehen, durch Einzelfall- bzw. soziale Gruppenarbeit mit Kindern und Jugendlichen aufzufangen, Stigmatisierungstendenzen abzubauen und einer Angliederung bestimmter Kinder oder Jugendlicher bzw. Gruppen in der Schule entgegenzuwirken" (Stickelmann 1981).

Wenn der Pädagoge Wilfried Wulfers über Schulsozialarbeit spricht, versucht er, Ziele der Jugendhilfe und der Schule miteinander zu verbinden: "Schulsozialarbeit ist ein Oberbegriff, der alle Aktivitäten einschliesst, die dazu geeignet sind, Konflikte und Diskrepanzen bei SchülerInnen, Eltern und LehrerInnen auf der Grundlage adäquater Methoden der Sozialarbeit (bzw. der Sozialpädagogik) innerhalb der Schule oder auf die Schule bezogen abzubauen." (Wulfers 1996)

Je mehr sich eine Definition von Schulsozialarbeit bemüht, die Ziele der Schule und die der Jugendhilfe zu berücksichtigen, umso unschärfer wird sie. "Schulsozialarbeit ist eine Vermittlungsagentur, die versucht, Disparitäten im Bedingungsgefüge Schüler, Schulsituation und Lebenslage der Schüler zu beheben bzw. an diesem Gefüge als Verursachungszusammenhang von Störungen anzusetzen", definieren Erich Raab und Hermann Rademacker (Raab/Rademacker 1982).

Eigentlich sollte im Begriff Schulsozialarbeit die (anzustrebende) Nähe zwischen Schule und Sozialer Arbeit im Hinblick auf ein gemeinsames Ziel Ausdruck finden. Heute, rund 30 Jahre nach der Einführung des Begriffs in der deutschsprachigen Fachliteratur, besteht keine Einigkeit in Bezug auf die Definition. Schulsozialarbeit hat heute den Status eines Catch-all-Begriffs. Einerseits wird derselbe Begriff mit unterschiedlichem Inhalt gefüllt. Andererseits werden mit *Schulsozialpädagogik, sozialpädagogische Schule, schulbezogene Jugendsozialarbeit, Jugendhilfe an der Schule, Soziale Arbeit in der Schule*, oder *Schul Soziale Arbeit* konkurrierende Begriffe vorgelegt, von denen die Schöpferinnen und Schöpfer der Meinung sind, sie würden eher treffen, was Inhalt und Konzept der "Schulsozialarbeit" sei. An diesem Verwirrspiel beteiligen sich mehrere Disziplinen: Die Sozialpädagogik, weil sie es war, die wichtige erste Impulse für die Entwicklung der Schulsozialarbeit im deutschsprachigen Raum geliefert hat; die Sozialarbeit, weil die konkrete Tätigkeit im Schulalltag oft dem Pflichtenheft einer Sozialarbeiterin/eines Sozialarbeiters entliehen ist; die (Schul-)Pädagogik, weil Lehrkräfte Möglichkeiten sehen, den in ihnen schlummernden Konflikt zwischen Bildungs- und Erziehungsauftrag zu entschärfen.

Das fehlende Ganze

Um den heutigen (Zu-)Stand von Schulsozialarbeit zu verstehen, muss man sich die bildungsspolitische Diskussion im Deutschland der 1970er Jahre vergegenwärtigen. Im Bericht der Bundesregierung zur Bildungspolitik (siehe Bundesarbeitsgemeinschaft Jugendaufbauwerke 1973) wurden Reformziele formuliert, so etwa Chancengleichheit, Integration, Selbstbestimmung, Selbstentfaltung, Selbstverantwortung, Soziales Lernen, Differenzierung der Lehrer- und Erzieher-Rolle. Für Schülerinnen und Schüler aus bildungsbenachteiligten Schichten sowie integrationsgefährdete Kinder und Jugendliche sollten spezielle sozialpädagogische Hilfen angeboten werden, um den Selektionsdruck der Schule abzumildern. Und zwar am Ort des Lernens, also in der Schule selbst. Wie diese Hilfen aus sozialpädagogischer Sicht konkret zu gestalten waren, dazu lagen wenige Aussagen vor, weshalb Walter Hornstein von einer "Bildungsplanung ohne sozialpädagogische Perspektive" sprach (Hornstein 1971). Ergebnis dieses "Geburtsfehlers der Schulsozialarbeit" (Olk et al. 2000) war eine Vielfalt an Projekten der Schulsozialarbeit, denen die gemeinsame theoretische Basis fehlte. In Hamburg entstand neben der Schülerhilfe die Schulsozialarbeit als Beratungsdienst, bestehend aus Sozialpädagogik (zuständig für Einzelhilfe, Gruppenarbeit, Schüler/innencafé), Beratungslehrkraft, Sonderpädagogik und Schulpsychologie. In Niedersachsen oblag der Schulsozialarbeit die Aufgabe, freizeitpädagogische Angebote zu gestalten. An den Berliner Mittelstufenzentren waren für jede Jahrgangsstufe eine Sozialpädagogin/ein Sozialpädagoge und zwei Erzieherinnen oder Erzieher im ausserunterrichtlichen Bereich insbesondere mit Pausenaufsicht und Leerstundenüberbrückung beauftragt. (Siehe Bundesministerium für Bildung und Wissenschaft 1978) Allen Projekten lag ein jeweils eigenes Verständnis von Schulsozialarbeit zu Grunde, das oftmals nicht durch die Einrichtungen der Jugendarbeit oder Jugendhilfe definiert war, sondern vom System Schule, der Auftraggeberin, vorgegeben wurde. Gemeinsam war diesen Ansätzen allenfalls die grobe Zielsetzung, in der Schule der Lebenswirklichkeit der Schülerinnen und Schüler besser gerecht zu werden. (Raab/Rademacker 1982:56) Eine projektübergreifende Diskussion über Zielgruppen, Feinziele und Methoden fand nicht statt. Schulsozialarbeit wurde zur Handlangerin und zum Hilfsdienst eines sich reformierenden Schulsystems. Ihre Aufgaben beschränkten sich auf die einer Feuerwehr für soziale Notlagen, und sie agierte in pädagogischen Nischen. Schulsozialarbeiterinnen und Schulsozialarbeiter fühlten sich als Pausenclowns missbraucht. (Rademacker 1994:149) Kurz: Die Schule bediente sich der Sozialpädagogik als eines wirksamen Instruments zur Bewältigung der eigenen Strukturschwächen. (Malinowski/Herriger 1979:81)

Ende der 1970er Jahre entbrannte der längst überfällige und für die Schaffung klarer Konturen bitter notwendige Streit um Inhalte. Grundsätzlich standen sich und stehen sich noch heute mit den Konzepten *Sozialarbeit in der Schule, Sozialpädagogik in der Schule* und *sozialpädagogische Schule* drei Grundpositionen gegenüber. Beantwortet werden soll die Frage, wer die in der Schule auftretenden Probleme mit Kindern und Jugendlichen besser lösen kann: Fachkräfte der die Jugendhilfe vertretenden Sozialarbeit, Fachkräfte der der Schulpädagogik verwandten Sozialpädagogik oder die Lehrkräfte selbst.

Sozialarbeit in der Schule

"Die Zielgruppen unserer Arbeit sind vorrangig Jugendliche, die von 'Deklassierung' bedroht sind", schrieben Stefan Grieger und seine Kollegen vom Schülerzentrum an der Ernst-Reuter-Schule in Frankfurt am Main. "Diese Jugendlichen fallen in der Schule durch das Netz und werden zusätzlich im jeweiligen Klassenverband und der Schule herausgedrängt. Trotzdem ist auch die Gesamtschule offensichtlich schwer in der Lage, dem Ausgliederungsmechanismus gerade für unsere Zielgruppe curricular Herr zu werden. Offensichtlich gehen Inhalte und Methoden des Unterrichts gerade an diesen Jugendlichen vorbei [...] und verhindern das Entwickeln der Zielvorstellungen (Selbstverwirklichung, Leistungsfähigkeit, Kommunikations- und Kooperationsfähigkeit, Phantasie und Spontaneität). Sozialarbeit in der Schule versucht nun, diese Rahmenbedingungen im Zusammenhang mit ihrer Arbeit zu schaffen. Dies muss zu Konflikten mit der Schule als Institution führen, die u.a. als ein Ziel das reibungslose Funktionieren ihres Apparates haben muss. Schule ist eben der Ort, wo Qualifizierung betrieben wird, wo die Auslese vor sich geht, wo offensichtlich die Chancen für weitere Lebenskarrieren verteilt werden." (Grieger et al. 1978:50f.)

Sozialarbeit in der Schule versteht sich als politische Arbeit. Es gilt, im Wettbewerb um Bildungschancen denjenigen zur Seite zu stehen, die auf Grund sozialer oder persönlicher Probleme zu Drop-outs oder schulischen Randgruppen gehören. Durch die Sozialarbeit in der Schule soll die Jugendhilfe neue Perspektiven erhalten. "Offensive Jugendhilfe" setzt sich zum Ziel, an den Orten anwesend zu sein, von denen die meisten ihrer Klientinnen und Klienten verwiesen werden. "Allzu häufig greifen Jugendhilfemassnahmen erst ein, wenn schon offenkundige und relevante soziale Ausfälle aktenkundig geworden sind und eine Stellungnahme oder Massnahme des Jugendamtes gefordert wird", schrieb Bernhard Kersten vom Jugendamt Wiesbaden. "Diese administrativen Interventionen sind 'soziale Feuerwehr'-Reparaturen, meist laufen sie dem tatsächlichen Geschehen hinterher." (Kersten 1981:95) Sozialarbeit an der Schule - hinter dieser Grundposition steckt das Bestreben der Jugendhilfe, in die Schule eingebunden zu sein. Nicht einmalig, nicht stundenweise, sondern als Regelfall.

Auch wenn die Sozialarbeiterinnen und Sozialarbeiter in den 1970er Jahren ihre kritische Haltung gegenüber der Schule deutlich machten, so ging es ihnen keineswegs um eine generelle Ablehnung der Schule. Sozialarbeit in der Schule verstand sich als ein kritisches Korrektiv, als aussen stehend mit Blick ins System. Diese kritische Distanz verlangte, alle Ressourcen auf die Schülerinnen, Schüler und ihr soziales Umfeld zu konzentrieren, weshalb auch die Elternarbeit und die Arbeit mit anderen Bezugspersonen, einschliesslich der Gleichaltrigengruppe, wichtig wurde. "Der Schüler wird nicht nur als Schüler betrachtet, sondern eben auch als Familienmitglied, als Mitglied einer peer-group, als Person mit einem handlungsleitenden Selbstkonzept [...]." (Kersten 1981:95) Eine Mitarbeit im Unterricht oder eine Beratung von Lehrkräften zu Fragen der Unterrichtsvorbereitung und -durchführung hatte keinen Platz. Auch deshalb nicht, weil viele der eingesetzten Schulsozialarbeiterinnen und -sozialarbeiter aus den Einrichtungen der Jugendhilfe kamen und nicht aus sozialpädagogischen Arbeitsbereichen. Es war der Schulsozialarbeit wichtig klarzustellen, dass sie nicht missbraucht werden darf zur Kompensation von schulinternen Defiziten wie Unterrichtsvertretung oder Pausenaufsicht. Ebenfalls galt es deutlich zu machen, dass eine Unterordnung unter die Zwecke der Schule nicht in Frage kommen kann. Keinesfalls durfte die Sozialarbeit in der Schule mit ihren Angeboten etwa im Freizeitbereich als Fortsetzung der Schule mit anderen Mitteln verstanden werden. "Jugendliche empfinden die Schule immer noch als unterdrückende Instanz. Sie wissen genau, dass ihr künftiges Schicksal, ihre künftige Karriere in der Schule entscheidend beeinflusst wird. Die Sozialarbeit muss den Jugendlichen die Möglichkeiten bieten zu lernen, wie sie mit diesen Problemen der Abhängigkeit von der Schule und den damit verbundenen Konflikten umgehen können." (Grieger et al. 1978:52)

Sozialpädagogik in der Schule

Stehen die Vertreterinnen und Vertreter der Sozialarbeit in der Schule in einem kritischen und distanzierten Verhältnis zur Schule, so verfolgen die Anhängerinnen und Anhänger des Ansatzes "Sozialpädagogik in der Schule" eine integrative Strategie. "Der Ansatz zielt auf eine tiefgreifende Veränderung schulischer Strukturen", schrieben Ingrid Helbrecht-Jordan und Gerhard Segel. "Zentrales Anliegen ist hierbei, durch Einbringung sozial- und reformpädagogischer Sichtweisen und Methoden die Schule zu befähigen, eigene neue Qualitäten zu entwickeln." (Helbrecht-Jordan/Segel 1980:375) Neben den Schülerinnen und Schülern werden damit die Lehrkräfte selbst zur Zielgruppe der Schulsozialarbeit, das Mitwirken an einer "anderen", einer "humanen", einer "sozialpädagogisch orientierten" Schule zum Konzept. Was unter einer solchen Schule im Einzelnen verstanden wird, war nicht immer klar definiert und bewegt sich auf einer abstrakten Ebene. Abkehr von der rein kognitiven Wissensvermittlung, Vermittlung "nützlicher" Qualifikationen, die die Schülerinnen und Schüler bei der Bewältigung konkreter Lebensprobleme anwenden können, Vermittlung sozialer Qualifikationen, Engagement für "Problemschülerinnen und -schüler" und ein partnerschaftliches Lehrer-Schüler-Verhältnis: dies ist die Ausrichtung, an der es sich zu orientieren gilt. Um sich ihren Visionen anzunähern, richteten die Schulsozialpädagoginnen und Schulsozialpädagogen in den 1970er Jahren Gesprächsgruppen mit Lehrkräften ein. Diese Gespräche verharrten aber oftmals in einem ideologischen Schlagabtausch, wie Sibylle Peatow und ihre Kollegen in Kassel verdeutlichen. (Paetow et al. 1975:65ff.) Streitpunkt war in vielen Fällen die Form der Beteiligung im Unterricht. Lehnten die Schulsozialpädagoginnen und -pädagogen das Unterrichten selbst ab, warfen ihnen die Lehrkräfte vor, sie wollten sich vor der Verantwortung drücken. Willigten sie in die Übernahme der Rolle als Lehrkraft ein, kamen sie bei den Schülerinnen und Schülern in Legitimationsschwierigkeiten.

Auch die Sozialpädagogik in der Schule versteht sich als ein Handlungsfeld der Jugendhilfe. Mittels Gesprächsgruppen mit Lehrkräften, Lerngruppenberatung und gemeinsamen Unterrichtsprojekten soll die Erziehungskompetenz der Lehrkräfte gefördert werden und der Lebensraum Schule sozialpädagogische Kompetenzen übernehmen. Dies würde allen Schülerinnen und Schülern zugut kommen, also einer Stigmatisierung von Problemschülerinnen und -schülern vorbeugen. Dazu muss sich die Schulsozialpädagogik so weit auf die Bedürfnisse der Schule einlassen, als dies zur "Akzeptierung ihrer Arbeit durch die Schule und zur Eröffnung von Interventionsmöglichkeiten im Schulbereich erforderlich ist" (Helbrecht-Jordan 1978:21). Schulsozialpädagogik versucht auf kooperative Weise, quasi in einem "Schmusekurs", die Lehrkräfte für ihre Ziele einzuspannen.

Schulsozialpädagogik versteht sich auch als eine treibende Kraft der Schulentwicklung. Sie will aufzeigen, welche strukturellen, organisatorischen oder personellen Massnahmen das Schulhausklima positiv beeinflussen können. (Siehe Fatke/Valtin 1997:13) Schneider (1982:106) erklärte ein quasi-symbiotisches Verhältnis zwischen Lehrkräften und Sozialpädagoginnen und -pädagogen. Während erstere ihre Funktion auf Grund gesellschaftlicher Notwendigkeit zur Selektion von leistungsfähigen und weniger leistungsfähigen Jugendlichen auf die Bildungsziele beschränken müssen, "weisen demgegenüber Sozialpädagogen professionelle Merkmale auf, die in der Lehrerrolle gegenüber einem umfassenden Erziehungsverständnis zurückgedrängt worden sind". Schulsozialpädagogik, das war eine Gratwanderung zwischen Bildungs- und Erziehungsauftrag, reformorientierten und reformunwilligen Lehrkräften, Lehrkräften und Schülerinnen/Schülern insgesamt. Auch deshalb hat sich Schulsozialpädagogik in vielen Projekten als Vorreiterin der sozialpädagogischen Schule, einer Schule also, in der die Lehrkräfte selbst sozialpädagogisch tätig sind, verstanden.

Sozialpädagogische Schule

Basieren die bisherigen Grundpositionen auf dem Gedanken, dass Schule beim Umgang mit Problemschülerinnen und -schülern auf externe Hilfe angewiesen sistei bzw. dass Schulentwicklung erst durch die intensive und arbeitsteilige Kooperation mit Fachpersonen aus anderen Disziplinen möglich wird, beinhaltet die Grundposition der sozialpädagogischen Schule das genau Entgegengesetzte. "Der Ruf nach dem Jugendamt hat mitunter die Funktion eines Gebetes", schreibt Norbert Hilbig. Es werde angerufen, wenn die Not am grössten, die Verzweiflung am ausweglosesten sei. "Ich denke, das Jugendamt wird unsere Hilflosigkeit nur verdoppeln können. Es wird Gespräche führen, beraten, wenn's hoch kommt, beobachten und wieder beraten, doch lösen wird es unser Problem nicht." (Hilbig 1997:10) Es geht dem Rektor der Theodor-W.-Adorno-Schule nicht darum, die Fähigkeiten der Jugendhilfe in Frage zu stellen. Vielmehr will Hilbig die Schule aus sich selbst heraus verändern. Vereinfacht ausgedrückt, müssen diejenigen die Probleme lösen, die sie verursacht haben, also die Schule und ihre Lehrkräfte. "Und dazu müssen wir selbst Sozialpädagogen sein", fordert Hilbig in seinem "Plädoyer für eine sozialpädagogische Schule" (Hilbig 1993:58)

Hilbig hat viele Anhängerinnen und Anhänger. "Wenn es eine schülerorientierte Schule gäbe, dann bräuchten wir keine Schulsozialarbeit" schreibt Anne Frommann. Peter Malinowski und Norbert Herriger verdeutlichen: "Die sozialpädagogische Korrektur der Unterrichtswirklichkeit ist der Lehrerschaft aufgegeben" und fordern die Hereinnahme sozialpädagogischer Sinnelemente in die Rolle des Fachlehrers und die sozialpädagogische Qualifizierung der Schulpädagogik. (Malinowski/Herriger 1979:80) Tatsächlich vereint die Vision einer sozialpädagogischen Schule zahlreiche reformerische Strömungen in der Pädagogik. Lehrkräfte an der Bielefelder Laborschule melden sich in dieser Diskussion ebenso zu Wort wie Vertreterinnen und Vertreter der kritischen Theorie Adornos, der Pädagogik von Peter Petersen, Johann Heinrich Pestalozzi oder Hermann Nohl. (Hierzu Mörschner 1988)

So einfach die Strategie scheint, so schwierig ist sie umzusetzen. "Was ist eine gute Schule?", fragt Klaus-Jürgen Tillmann, Professor für Schulpädagogik an der Universität Hamburg. (Tillmann 1994) Helmut Fend antwortet mit einer Sammlung von 15 Merkmalen, darunter: "Gute Schulen sind solche, in denen sich Lehrer und Schüler über Jahre kennen, in denen gegenseitige Besonderheiten und Eigenheiten wahrgenommen und toleriert werden. Gute Schulen werden von Lehrgremien getragen, die nicht von unüberbrückbaren Fraktionen, von Kämpfen bis aufs Messer, gekennzeichnet sind. In guten Schulen dominiert nicht eine Gruppe von Lehrern in weltanschaulicher Selbstgewissheit und drängt die anderen wegen ihrer Anschauungen im selbstgefälligen 'Wir sind eigentlich *die Schule*' an die sozialen Ränder. Gute Schulen sind gestaltete Schulen, im sozialen wie im räumlichen Bereich. In guten Schulen passiert etwas; es ist 'viel los', Feste werden gefeiert, Ausflüge organisiert, Ausstellungen arrangiert - wobei die jeweilige Vorbereitung wichtiger ist als die Durchführung. In guten Schulen herrscht keine aggressive Stimmung gegen die Schüler, es wird nicht dauernd und ausschliesslich über 'Schrott' und 'Dünnbrettbohrer' und 'Pfeifen' gesprochen. Hausbau, Ferien und günstige Darlehen bilden nicht das zweite zentrale Gesprächsthema." (Fend 1997:18f.) Es erstaunt nicht, dass Fend die Mehrzahl seiner Forderungen an die Lehrkräfte stellt und damit unterstreicht, dass eine gute Schule in erster Linie eine Herausforderung an die Lehrkräfte darstellt und im Grunde die Frage beantwortet wissen will, wie menschliches Zusammenleben insgesamt gestaltet werden soll.

Auch wenn die sozialpädagogische Schule als Vision vereinenden Charakter hat, so sind doch gerade in dieser Grundposition unterschiedlichste Strömungen erkennbar, die ihren Ursprung in den verschiedenen Reformbewegungen haben. Beim Versuch, den kleinsten gemeinsamen Nenner zu definieren, könnte genannt werden: Lehrkräfte sind keine Unterrichtstechnologen, sondern nehmen die Schülerinnen und Schüler in ihrer Lebensrealität wahr; Sozialarbeit findet nicht mehr nur in den Pausen, Randzeiten oder vereinbarten Settings statt, sondern ist immer vorhanden, wo eine Lehrkraft tätig ist; standardisierte Unterrichtsformen treten anstelle von Lern*prozessen* in den Hintergrund; den Unterricht begleiten ausserunterrichtliche Lern- und Erfahrungsprojekte.

Die Resignierten

Wurden bisher Grundpositionen dargestellt, die auf eine sozialpädagogische oder sozialarbeiterische Profilbildung der Schule hinarbeiten, so muss in diesem Zusammenhang darauf hingewiesen werden, dass es auch Vertreterinnen und Vertreter gibt, die am Wesen der "klassischen autoritätsgebundenen" Schule festhalten. Sie lehnen ein Hereinholen externer Fachkräfte ebenso ab wie die Übernahme sozialpädagogischer Aufgaben durch die Lehrkräfte selbst. Prominenter Vertreter dieser Position ist Hermann Giesecke, Professor für Pädagogik an der Universität Göttingen. Giesecke spiegelt in seiner Argumentation zum einen Teil die fachwissenschaftliche Auseinandersetzung über die "Schule von heute" wider. Zu einem anderen Teil artikuliert er jene Vorbehalte, von denen man glaubt, sie würden in Lehrerzimmern geäussert, aber selten den Weg in die Öffentlichkeit finden.

Der Gesellschaft wirft Giesecke Bequemlichkeit vor. Statt selbst mit den Problemen umzugehen, würden die Ansprüche an die Schule immer grösser, immer umfangreicher, immer unverschämter. Pädagogisch falsch daran sei, dass die Rolle der Schule im Rahmen der gesamten Sozialisation überschätzt würde. "Ich halte die reformpädagogische Strategie für gescheitert. Die Schule kann vielmehr die Schul- und Unterrichtsfähigkeit ihrer Schüler nur bis zu einem bestimmten Grad selbst herstellen", schreibt Giesecke und nimmt die Eltern in die Pflicht. Sie hätten - wenn nötig mit der Jugendhilfe - für die nötigen Grundqualifikationen zu sorgen.

(Giesecke 1996:6) Der Pädagoge bekennt sich zu den gesellschaftlichen Funktionen der Schule, allen voran die Selektionsfunktion. "Die Welt ist nun einmal nicht 'kindgerecht', und deshalb müssen Kinder lernen, deren Regeln auch gegen ihre aktuellen Bedürfnisse zu lernen und zu akzeptieren." (Giesecke 1996:9) Schule müsse sich ihrem - schliesslich von der Gesellschaft selbst gegebenen - Auftrag widmen und diesen durchsetzen. Dazu sollte die Schule ihre Sanktionsinstrumente wahrnehmen. Wenn also der Zweck der Schule Unterricht ist, dann muss sie Sanktionen ergreifen können, um ihren Zweck zu sichern. Gewalttäter oder Unterrichtsstörer werden bei Giesecke bestraft. In diesem Zusammenhang erntet der "unpolitisch pädagogische Zeitgeist", der erreicht hat, dass Schulstrafen fast völlig abgeschafft wurden, keine guten Noten. Überhaupt kommen die Schülerinnen und Schüler - bei denen Giesecke als einzige Konstante in ihrer Persönlichkeit die Flüchtigkeit feststellt - nicht gut weg. Es stehe einem Kind nicht einfach frei, ob es in die Schule kommen wolle oder nicht, ob es lernen wolle oder nicht. "Der 'faule' Schüler muss sich fragen lassen, auf wessen Kosten er lebt und künftig zu leben gedenkt [...]."

Giesecke und seine Anhängerinnen und Anhänger finden keine Anknüpfungspunkte für eine Kooperation mit der Jugendhilfe innerhalb der Schule. Die Forderung nach einer Sozialpädagogisierung des Unterrichts bezeichnen sie als fundamentalen Fehlschluss und verweisen auf die Praxis, in der alles nur schlimmer werde. Dennoch hat die Jugendhilfe bei Giesecke ihren Platz: Als Nachbesserungsanstalt für diejenigen Schülerinnen und Schüler, "die weder die sozialen noch die intellektuellen Voraussetzungen haben, um bei wenigstens mittlerem guten Willen erfolgreich am Unterricht teilnehmen zu können" (Giesecke 1996:14).

Gieseckes Ausführungen ernteten scharfe Kritik. Viele der Argumente, die Anne Frommann, Peter Fauser oder Hartmut von Hentig formulierten, finden sich in den bisherigen Ausführungen zu den verschiedenen Grundpositionen wieder. Doch auch wenn Giesecke polemisiert und pauschalisiert, so erkennt doch jede Leserin und jeder Leser, die schon einmal in einem Schulhaus als Lehrkraft, Sozialarbeiter, Psychologin oder Schularzt tätig waren, die Argumente wieder. Sie wirken geradlinig, offen und zur Diskussion bereit. Tatsächlich verstecken sich dahinter Resignation und Frustration. Gieseckes Plädoyer ist ein Hilferuf. Denn die grösste Gefahr für die Anhängerinnen und Anhänger dieser Position ist die Realisierung ihrer Forderungen. Die hätte unweigerlich zur Folge, dass das Kerngeschäft Unterricht noch viel weniger "durchgesetzt" werden könnte.

Tabelle 3: Grundpositionen zur Schulsozialarbeit

	Sozialarbeit in der Schule	Sozialpädagogik in der Schule	Sozialpädagogische Schule
Leitsätze	→ Sozialarbeit in der Schule ist eine politische Arbeit. Die Schule standardisiert junge Menschen im Hinblick auf bürgerliche Funktionsnormen. Dies trägt bei zur sozialen Differenzierung der Gesellschaft und zur Chancenlosigkeit Einzelner → Sozialarbeit in der Schule ist Teil einer offensiven Jugendhilfe. Diese ist vor Ort aktiv, versucht bereits vor der Krisensituation Einfluss zu gewinnen → Sozialarbeit in der Schule setzt den Anspruch auf Bildungschancen durch bei schulischen Randgruppen und Drop-outs → Sozialarbeit in der Schule arbeitet nicht im Unterricht mit, es erfolgt keine Beratung von Lehrkräften in Fragen der Unterrichtsplanung und -durchführung → Sozialarbeit in der Schule versucht, Schule mit anderen Angeboten im Freizeitbereich zu verknüpfen (Lebensweltorientierung der Schüler/innen)	→ Solidarität mit Lehrkräften üben, ohne Position als "Anwalt/Anwältin der Schüler/innen" aufzugeben ("Schmusekurs") → Alle Schüler/innen leiden unter den gegenwärtigen schulischen Verhältnissen; die Sozialpädagogik richtet sich an alle Schüler/innen → Schüler/innen soll im Unterricht begegnet werden. Dort haben sie ihre Probleme. Es gilt, das Lehrer/innen-Schüler/innen-Verhältnis zu ändern → Hoher Stellenwert der Beratung von Lehrkräften in Bezug auf Unterrichtsplanung und -durchführung aus sozialpädagogischer Sicht → Lehrkräfte sind nur einseitig qualifiziert, ihnen fehlt ein umfassendes Erziehungsverständnis. Sozialpädagogik wirkt hier additiv	→ Wandel der Institution Schule ist nur durch die Lehrkräfte selbst möglich → Lehrkräfte selbst müssen sich dem "sozialpädagogischen Defizit" stellen → Lehrkräfte müssen die sozialpädagogischen Möglichkeiten der Schule entdecken und nutzbar machen → Lehrkräfte müssen über den Unterricht hinaus den Lebensraum der Schüler/innen einbeziehen (Freizeit) → die Lehrer/innenausbildung muss mehr sozialpädagogische Kompetenzen vermitteln
Hauptsächliche Tätigkeitsbereiche	→ Einzelfallhilfe → Soziale Gruppenarbeit → Freizeitpädagogik (Schüler/innenzentrum) und Gemeinwesenarbeit	→ Unterricht → ausserunterrichtlicher Bereich	→ Unterricht → Freizeit (erwünscht)
Rolle der Lehrkräfte	akzeptierend bis unterstützend	unterstützend	in Person vereint
Verhältnis zur Schule	kritisch-korrektiv-interventionistisch	kritische Integration	Schulen tragen das Konzept

Tabelle 3: Fortsetzung

Problembereiche lt. Studien und Evaluationen	→ Lehrkräfte akzeptieren die Sozialarbeit an der Schule nicht (wirkungslose Isolation) → Lehrkräfte zeigen Zurückhaltung; Sozialarbeit wird erst spät einbezogen ("Feuerwehr") → Sozialarbeit erlebt sich als Regulativ, als Coach der Lehrkräfte, die eigene Arbeit steht "über allen Dingen" → Zielgruppenspezifisches Vorgehen bewirkt Stigmatisierung der "Problemschülerinnen und -schüler" im Schulhaus ("Aktenkarrieren", Pschologisierung und Pathologisierung von Problemschülerinnen und Schülern im Alltagswissen von Lehrkräften) → Zielgruppenspezifisches Vorgehen arbeitet auf die "Wiederherstellung der Funktionsfähigkeit der Problemschülerin/des Problemschülers" hin, was dem politischen Anspruch des Konzeptes widerspricht ("Reparaturwerkstatt", "Pannendienst") → Die (zumeist negativ verlaufene) Schulbiographie der Sozialarbeiter/innen dominiert die Arbeit und macht eine Verständigung mit der Schule schwierig → Es entsteht eine Konkurrenzsituation: Sozialarbeit und Lehrkräfte buhlen um die Gunst der Schüler/innen	→ Zu starke Identifikation der Sozialpädagogik mit Lehrkräften. Schüler/innen bezeichnen sie als "Hilfslehrkräfte" → Ein eigener Wirkungsbereich der Sozialpädagogik entfällt, die Professionalität wird unscharf → Unterordnung der Sozialpädagogik unter Schulzwecke; die sozialpädagogische Perspektive verschwindet in der Bedeutungslosigkeit (mögliche Folge: "Pausenclown", "Aufseher/in", "Nischenfüller") → Nicht alle Lehrkräfte waren gegenüber der sozialpädagogischen Sichtweisen aufgeschlossen → Sozialpädagogik wird als Instrument der Bildungsreform benutzt, um die Schule erträglich zu machen → Sozialpädagogik entbindet die Lehrkräfte von ihrer Verantwortung für die Lösung von Problemen der Schülerinnen und Schüler und fördert Fremdregulierung unterrichtsbezogener Interaktionsstörungen ("Abschiebementalität") → Sozialpädagogik wird gesehen als "Übergangsstadium", bis die Lehrkräfte es selbst können	→ Konzept arbeitet mit einem pädagogisch-idealistisch verkürzten Begriff von Sozialpädagogik → Sozialpädagogik ist mehr als nur eine Verbesserung von Verhaltensweisen der Lehrkräfte gegenüber den Schüler/innen, ist nicht nur der "zwischenmenschliche Bereich" → Lehrkräfte können sozialpädagogische Kompetenzen nicht einfach "nachholen" → Lehrkräfte sind zeitlich und inhaltlich überfordert → Die Institution Schule kann sich nicht grundsätzlich allein durch die Lehrkräfte wandeln → Sozialpädagogisierung des Unterrichts ist ein fundamentaler Fehlschluss. Schule muss sich zur Selektionsfunktion bekennen ("klassische autoritätsgebundene Schule") → Eltern und Jugendhilfe, nicht die Schule, müssen Grundqualifikationen zum Schulbesuch sicherstellen
Vertreter/innen	Arbeitskreis Hessische Schulsozialarbeit	Ingrid Helbrecht-Jordan Klaus-Jürgen Tillmann	Hans-Günther Homfeld Norbert Hilbig
Literaturhinweise	Arbeitskreis Hessische Schulsozialarbeit (1980) Grieger et al. (1978) (Schulbeispiel)	Schneider (1982), Sozialpädagogen an Berliner Gesamtschulen (1981)	Hilbig (1997) Paetow et al. (1975) (Schulbeispiel)
	Sozialarbeit in der Schule	**Sozialpädagogik in der Schule**	**Sozialpädagogische Schule**

Kritik

Ob Sozialarbeit in der Schule, Sozialpädagogik in der Schule oder sozialpädagogische Schule, alle drei Grundpositionen werden seit den 1970er Jahren kritisch begleitet (vgl. Tabelle 3).

Der offensiven Jugendhilfe bescheinigte man auf Grund des distanzierten Verhältnisses zur Schule eine relative Wirkungslosigkeit. Die Lehrkräfte würden sich kaum mit den Schulsozialarbeiterinnen und -arbeitern identifizieren, sie würden sie erst sehr spät, wenn überhaupt aufsuchen. Schulsozialarbeit erhielt das Etikett der "Feuerwehr". Den Schulsozialarbeiterinnen und Schulsozialarbeitern selbst warf man grosstuerisches Gehabe vor, wunderte sich, wenn sie die Mitwirkung im Unterricht ablehnten, und bescheinigte ihnen, sich der Verantwortung zu entziehen.

Die Konzentration auf schulische Problemfälle produzierte nach Ansicht von Evaluationen nur noch mehr Aktenkarrieren. Ausserdem führe sie dazu, dass die ohnehin schon bekannten Kinder und Jugendlichen zusätzlich stigmatisiert würden. Damit verbunden war der Vorwurf, die Sozialarbeit in der Schule arbeite im Prinzip gegen ihre eigentliche Zielsetzung. Ursprünglich angetreten, politisch gegen Selektionsdruck und Bildungsbenachteiligung zu wirken, beschränke sie sich tatsächlich darauf, problematische Schülerinnen und Schüler kurzfristig durch begleitende Massnahmen wieder für den Unterrichtsbetrieb tauglich zu machen ("zu reparieren"). Allerdings ohne deren Chancen auf eine vorteilhaftere Positionierung im Wettbewerb um Bildungschancen de facto zu verbessern.

Vorwürfe gegen die Grundposition der Sozialpädagogik in der Schule resultierten aus dem Widerspruch zwischen Sozialpädagogik als eigenständige Profession und ihre Nähe zur Schulpädagogik. Nahmen Sozialpädagoginnen und -pädagogen am Unterricht teil, drohte die Gefahr einer zu starken Identifikation der Sozialpädagogik mit den Lehrkräften, Schülerinnen und Schüler vermuteten sogar eine Beteiligung der Schulsozialarbeit an der Notengebung. Eindrücklich findet ein Siebtklässler: "Ich finde, die [die Schulsozialarbeiter, Anm. MD] sollten wegbleiben, denn wenn sie in den Unterricht kommen, dann machen sie sich immer so viele Notizen, und wenn man sie fragt: Warum macht ihr euch Notizen, dann sagen sie: Das geht euch überhaupt nichts an, das sagen wir euch nicht und wenn wir das nicht wissen, wenn die Notizen machen, dann macht es einen nervös." (Faulstich-Wieland/Tillmann 1984:57)

Zu starke Konzentration auf die Unterrichtsmitwirkung ohne ein eigentlich sozialpädagogisch ergänzendes Angebot führt letztendlich zur Unterordnung der

Sozialpädagogik unter Schulzwecke. Die sozialpädagogische Perspektive verschwindet in der Bedeutungslosigkeit, das "Sozialpädagogische der Pädagogik" findet keinen Platz. In Umfragen zur Wahrnehmung von Schulsozialarbeit haben Schülerinnen und Schüler, aber auch Lehrkräfte, für das Nicht-Besetzen eines eigenen Wirkungsbereichs deutliche Worte gefunden, indem sie die Schulsozialarbeit als "Pausenclown", "Aufseher/in" oder "Nischenfüller" bezeichneten.

Lehrkräfte teilten sich gegenüber der Sozialpädagogik in der Schule in zwei Lager: Die einen suchten die Kooperation und begrüssten eine Entlastung, ohne gleichzeitig auf ihren Anspruch eigener Unterstützungsangebote zu verzichten. Andere nutzten das Angebot der Schulsozialpädagogik dazu, Kinder und Jugendliche, bei denen sie Defizite im sozialen oder persönlichen Bereich diagnostizierten, an die Schulsozialpädagogik abzugeben. Schulsozialpädagogik - so der Vorwurf - entbinde im letzteren Fall die Lehrkräfte von ihrer Verantwortung für die Lösung von Problemen der Schülerinnen und Schüler und fördere die Fremdregulierung unterrichtsbezogener Interaktionsstörungen. Diese Abschiebementalität wurde den Lehrkräften in diesem Modell erleichtert, suchte die Schulsozialpädagogik doch den Zugang zu den Lehrkräften und ihrem Unterricht.

Sozialpädagogik in der Schule musste und muss sich schliesslich die gleiche Frage stellen wie die Sozialarbeit in der Schule: Wie weit trägt sie dazu bei, schulverdrossene und schulmüde Kinder und Jugendliche wieder für den Unterricht tauglich zu machen, sie zu reparieren, und sich selbst damit zum Instrument für eine Bildungsreform ohne einschneidende Veränderungen zu degradieren.

Gegenüber der Grundposition der sozialpädagogischen Schule wurden Bedenken sowohl von Seiten der Schulpädagogik als auch der Sozialen Arbeit formuliert. Die ablehnende Haltung der Schulpädagogik resultierte aus der bereits dargestellten Position der Resignierten: Die Sozialpädagogisierung des Unterrichts ist ein fundamentaler Fehlschluss, die Rolle der Schule als massgebliche Sozialisationsinstanz sei völlig überbewertet. Schule muss sich zur Selektionsfunktion bekennen, darf nicht allen Ansprüchen der Gesellschaft erliegen. Nicht die Schule, sondern die Eltern, wo nötig mit Unterstützung der Jugendhilfe, hätten für diejenigen Grundqualifikationen zu sorgen, die Kinder und Jugendliche benötigen, um den Schulbesuch erfolgreich zu bestehen.

Von Seiten der Sozialen Arbeit bezogen sich Vorbehalte gegenüber der Grundposition der sozialpädagogischen Schule vor allem auf das Verständnis von Sozialpädagogik. Sozialpädagogik sei mehr als nur eine Verbesserung von Verhaltensweisen der Lehrkräfte gegenüber den Schülerinnen und Schülern. Sozialpädagogik solle sich eher als Gesellschaftskritik denn als Reparaturbetrieb verstehen. Schule müsse ein neues Erziehungsbedürfnis befriedigen, "das nicht ohne weiteres auf eine

Minderwertigkeit, sondern auf eine Andersartigkeit" von Individuen zurückzuführen ist. (Mollenhauer 1964:97f.) Sozialpädagogik sei demnach nicht irgendetwas im "zwischenmenschlichen Bereich", sondern die Fähigkeit, mit spezifischen Methoden Sozialisationshilfen für die Bewältigung auftretender Konflikte bereitzustellen. Eine solche Fähigkeit müsse gelernt werden, könne nicht einfach durch Weiterbildungen erlernt oder gar angelesen werden. Lehrkräfte könnten sozialpädagogische Kompetenzen nicht einfach "nachholen".

Neuere Entwicklungen der Schulsozialarbeit

Die vorangehend dargestellte Vielfalt der Kooperationsformen zwischen Schule und Sozialer Arbeit hatte zur Folge, dass das Tätigkeitsfeld Schulsozialarbeit kaum mehr zu überschauen war. Einer systematischen Aufarbeitung der Schulsozialarbeit widmete sich das Deutsche Jugendinstitut in München im Auftrag der Bundesregierung. Während fünf Jahren entstand eine Dokumentation von Veröffentlichungen zur Schulsozialarbeit, die noch heute orientierend bei der Konzeption neuer Projekte auch in der Schweiz ist (siehe die Veröffentlichungen von Raab/Rademacker). Durch diese Aktivitäten bestärkt, begann sich die Schulsozialarbeit zu emanzipieren: gegenüber der Schulpädagogik, weil sie nunmehr die Bandbreite ihres Schaffens und Wirkens darstellen konnte, und gegenüber der Sozialpädagogik und Sozialarbeit, weil sie zu belegen vermochte, das Schulsozialarbeit ein neues Berufsfeld der Sozialen Arbeit (und insbesondere der Jugendhilfe) eröffnete, also nicht einfach nur bestehende Methoden aus bisherigen Anwendungsfeldern übernehmen wollte. Mit dem Handbuch Schulsozialarbeit, das im Jahr 1987 erschien, und den über 16 Materialbänden zur Schulsozialarbeit schloss das Deutsche Jugendinstitut seine umfangreiche Recherche ab. Eine theoretische Fundierung der Schulsozialarbeit war damit allerdings noch nicht verbunden. Vielmehr stellte sich heraus, dass Schulsozialarbeit nicht selten von der Schule selbst finanziert und damit schulischen Zielen untergeordnet wurde. Dem angestrebten Kooperationsmodell (zwischen Schule und Sozialer Arbeit) stand in der Realität das Subordinationsmodell (der Sozialen Arbeit unter die Schule) gegenüber.

Lebensweltorientierung

Wichtige Wegbereiter der Schulsozialarbeit zum eigenständigen *Handlungsfeld der Jugendhilfe* waren die Jugendberichte in Deutschland. In regelmässigen Abständen war die Bundesregierung verpflichtet, die Bestrebungen und Leistungen der Jugendhilfe aufzuzeigen. 1986 wurde wieder eine solche Kommission gegründet, mit dem Ziel, einen achten Jugendbericht zu verfassen. Hatten die vorherigen Berichte eher Aufzählungs- und Darstellungscharakter, nahm dieser eine Sonderstellung ein. Erstmals fand sich der Versuch, Jugendhilfe strukturell zu begründen, theoretisch zu fundieren und operational zu definieren. Begriffe wie "offensive Jugendhilfe", die auf die Diskussion der 1970er Jahre zurückgingen, wurden ebenso zentral wie die Forderung nach einer "lebensweltorientierten Jugendhilfe". Das Konzept der

Lebenswelt verstand sich als Gegenbewegung zum zunehmend administrativen Charakter der Jugendhilfe sowie der Vielzahl therapeutischer Ansätze innerhalb sozialarbeiterischer Handlungsfelder. "Lebensweltorientierte Jugendhilfe meint [...] die ganzheitliche Wahrnehmung von Lebensmöglichkeiten und Schwierigkeiten, wie sie im Alltag erfahren werden", schreibt Hans Thiersch, einer der Autoren des Jugendberichtes, und verweist auf zu Grunde liegende Arbeitsweisen wie die Gemeinwesenarbeit. (Thiersch 1997:24) Mit diesem Fokus wurde die Jugendhilfe politisch und reihte sich in den Zeitgeist des Beck'schen Individualisierungsparadigmas. Jugendhilfe entdeckte nicht mehr nur Randgruppen oder Aussenseiter sondern die Verliererinnen und Verlierer des Modernisierungsprozesses generell. "Lebensweltorientierung ist Indiz der Krise heutiger Lebenswelt", schreibt Thiersch, "und zugleich Ausdruck des Anspruchs, in dieser Krise angemessen agieren zu können." Höchst brisant war, dass der Jugendbericht die Schule selbst für einen Teil der Krise verantwortlich machte. So produziere der Leistungsdruck in der Schule durch Notengebung, Versetzungsempfehlungen oder Vergabe von ungleichen Schulabschlüssen vermehrt Probleme, die die Schule alleine nicht mehr lösen könne. Und beim Übergang von der Schule in den Beruf tauge die schulische Selektion ohnehin nur noch unzureichend, stünden Schulabgängerinnen und -abgänger doch zunehmend weniger Lehrstellen gegenüber ("Qualifikationsparadoxon"). Der Jugendbericht begnügte sich keineswegs mit der Aufzählung schulischer Widersprüche, er forderte die Schule auf zu einer "Reflexion ihrer Rollenstereotypen", der Veränderung ihrer Personalstruktur und einer Überarbeitung des Lehrplans hin zu einer Gleichberechtigung der Geschlechter in Lehrmitteln und Fächerangeboten.

Nicht nur der politische Anspruch der Jugendhilfe wurde (wieder-)entdeckt, sondern auch die Rolle der Sozialarbeiterinnen und Sozialarbeiter gegenüber ihrer Klientel reflektiert. Normative Vorstellungen über das, was zu verändern war oder über das, worauf es hinzuarbeiten galt (wie z.B. konkrete Entwicklungsziele), wurden ersetzt durch dialogische Prinzipien in der Beratung. Anders ausgedrückt: Mit dem Konzept der Lebensweltorientierung verabschiedete sich die Soziale Arbeit weitgehend vom individualistisch-interpretierenden, pseudo-therapierenden Expertinnen- und Expertendasein und öffnete sich den kritisch-wohlwollenden Blick auf das eigene Handeln. Ein fast schon paradigmatischer Wandel.

Operationalisiert wurde der Ansatz der Lebensweltorientierung in Form von Strukturmaximen: *Prävention* fordert die Orientierung der Arbeit an lebenswerten, stabilen Verhältnissen; *Regionalisierung* meint, dass Jugendhilfe innerhalb des Gemeinwesens, also gewachsenen Strukturen, verortet sein muss und die bestehenden sozialen Netzwerke in die eigene Arbeit einbeziehen muss; *Alltagsorientierung* verlangt, Hilfestellungen stark an den Lebensumständen und -realitäten der Klientinnen und Klienten auszurichten, statt Universallösungen zu propagieren; *Partizipation* hebt das Recht zur Mitsprache und Mitbestimmung aller am Prozess Beteiligten hervor; *Integration* erfordert einerseits Angebote für Randgruppen und spezielle Zielgruppen, andererseits wird aber auch eine Angebotspalette für alle Kinder und Jugendlichen erwartet. (Siehe zu den Grundsätzen ausführlich Thiersch 1997:28ff. oder BMFSFJ 1990:85ff.)

Jugendsozialarbeit

Was im Jugendbericht empfohlen wurde, fand sich in der Neufassung des deutschen Kinder- und Jugendhilfegesetzes KJHG aus dem Jahre 1990 fixiert. Die Paragraphen 11 und 13 erwähnen explizit das Dienstleistungsangebot der Jugendhilfe für die Schule, Paragraph 81 verpflichtet zur Zusammenarbeit und einer Abstimmung der Massnahmen untereinander. Hinzu kam, dass die Schulsozialarbeit im neuen Gesetz nicht mehr nur unter dem Titel "Jugendarbeit" (§11) figurierte, was in der Praxis oft einer Gleichsetzung der Schulsozialarbeit mit Angeboten im Freizeitbereich gleichkam. Schulsozialarbeit konnte sich neuerdings als "Jugendsozialarbeit" (§13) bezeichnen. Der neue Gesetzestext konkretisierte in Paragraph 13 den Begriff als dasjenige Handlungsfeld der Jugendhilfe, das die Arbeit mit sozial benachteiligten Kindern und Jugendlichen in den Vordergrund stellt. Solchermassen gesetzlich gestützt, trat die Schulsozialarbeit in der Folgezeit als eigenständiges Handlungsfeld gegenüber der Schule, aber auch gegenüber der Sozialen Arbeit auf.

Es ist wichtig festzuhalten, dass die Diskussionen der 1990er Jahre nicht nur in der Jugendhilfe zu einem Aufschwung lebensweltorientierter Ansätze führte. Auch die Schule selbst entwickelte mit der "gemeinwesenorientierten Schule" oder der "Schule als Lebensort" Konzepte, die auf eine Öffnung der Schule hin zum sozialräumlichen Umfeld drängten. (Siehe z.B. Bildungskommission Nordrhein-Westfalen 1995) Schule sollte zur lernenden Organisation werden, die sich nicht widerstrebend verändert, sondern sich bewusst Bedürfnissen anzupassen vermag, ohne aber ihr Kerngeschäft, den Unterricht, zu vernachlässigen. "Welche Rolle spielt die Wirklichkeit in der Schule?", könnte die Herausforderung lauten, der die Schule bis heute gegenübersteht und die aus der Einsicht resultiert, dass sich die Bildungswelt im Laufe der Jahrzehnte mehr oder weniger unverändert tradiert hat, die Erfahrungswelt dagegen immer weiter aus dem Unterricht zurückgedrängt worden ist. Es gilt (einmal mehr in der Entwicklungsgeschichte der Schule), die entstandene Kluft zwischen Bildungs- und Erziehungsauftrag zu überwinden.

"Macht die Schule auf, lasst das Leben rein" (Zimmer und Niggemeyer 1986), klingt wie der verzweifelte Ruf nach Lebensweltorientierung der wichtigsten Sozialisationsinstanz neben der Familie. Der Jugendbericht würdigte die Diskussionen zur Schulentwicklung, wies aber darauf hin, dass "selbst eine Schule, die sich sozialpädagogischen und gemeinwesenorientierten Ansätzen öffnet, keine Alternative für Jugendhilfeangebote ist" (BMFSFJ 1990:123). Ausserschulische Freizeitangebote, Horte oder Tageseinrichtungen für Kinder könnten nicht von der Schule angeboten werden, sondern seien Angebote der Jugendarbeit, denn die "Allgegenwärtigkeit von Schule im Alltag von Kindern und Jugendlichen und die Tendenzen der zunehmenden Institutionalisierung von Kindheit und Jugend" dürften nicht noch mehr verstärkt werden.

Trotz aller Klarheit förderte der achte Jugendbericht die Unübersichtlichkeit schulsozialarbeiterischer Tätigkeiten. Schulsozialarbeit war alles, was sich zum Ziel setzte, junge Menschen in ihrer individuellen und sozialen Entwicklung zu fördern sowie positive Lebensbedingungen für junge Menschen und ihre Familien zu erhalten oder zu schaffen (§1 KJHG). Ein klareres Bekenntnis für die eine oder die andere Grundposition zur Schulsozialarbeit (wie im vorherigen Kapitel dargestellt) kam von Seiten der Expertinnen und Experten erst vier Jahre später. Insbesondere auf Grund unbefriedigend verlaufener Kooperationsprojekte zwischen Schule und Jugendhilfe forderte der neunte Jugendbericht der Bundesregierung eine Beschränkung der Schulsozialarbeit auf die in Paragraph 13 KJHG formulierten Ziele, also die Hilfen für sozial Benachteiligte Kinder und Jugendliche (BMFSFJ 1994:472). Noch deutlicher wurde die Fokussierung der Schulsozialarbeit im zehnten Jugendbericht ausgedrückt: "Schulsozialarbeit hat sich um die schwierigen, leistungsschwachen, sozial ausgegrenzten, im Sinne des Paragraphen 13 KJHG benachteiligten Schülerinnen und Schüler zu kümmern und ist daher von ihrem Anspruch her eine kritische Begleiterin von Schule. Dies wird von der Schule her mit Zurückhaltung aufgenommen." (BMFSFJ 1998:213) Damit setzte in Deutschland ein Theorie-Praxis-Dilemma ein. Zahlreiche Projekte der Schulsozialarbeit hatten zu Beginn der 1990er Jahre durch das neue Gesetz ihre Legitimation gefunden, unter dem Titel der Schulsozialarbeit auch nicht-benachteiligte Kinder und Jugendliche als Zielgruppe zu definieren (im Sinne des §11 KJHG). Ihnen wurde mit dem neunten und zehnten Jugendbericht die Grundlage ihres Schaffens im Rahmen schulsozialarbeiterischer Tätigkeit praktisch entzogen. "Diese [Projekte mit "Nicht-Benachteiligten"] verstehen sich eher als Angebote nach Paragraph 11 KJHG (Jugendarbeit), was jedoch nicht unproblematisch ist," schreibt der zehnte Jugendbericht. "Die Öffnung zu breiteren Zielgruppen bringt neue Aufgaben und Ziele mit sich, bei zu geringer Personal- und Sachausstattung, und erzeugt im Zusammenhang mit der Debatte um Qualitätsstandards und Qualitätssicherung nicht nur einen Legitimationsdruck, sondern auch die Gefahr konzeptioneller Unschärfe."

Nach über 25 Jahren war die Schulsozialarbeit in der theoretischen Diskussion wieder an dem Punkt angelangt, an dem sie begonnen hatte und für die sie die Etiketten "Räumungskommando" und "Feuerwehr" erhielt. In der Praxis setzte sich die geforderte Einsetzung der Schulsozialarbeit weitaus weniger durch. In den zahlreichen Projekten gerade auch in den neuen Bundesländern finden sich heute alle Grundpositionen zur Schulsozialarbeit wieder. Aber trotzdem: Schulsozialarbeit hat sich durch die kontroversen Diskussionen, die in einer Vielzahl von fachwissenschaftlichen Publikationen festgehalten wurden, gegenüber der Schule und den Strömungen innerhalb der Sozialen Arbeit als eigenständiges Handlungsfeld der Jugendhilfe emanzipiert.

Aufschwung Ost

Nachdem festgestellt wurde, dass sich die Schulsozialarbeit in Deutschland mit dem achten Jugendbericht ihrem theoretischen Fundament annäherte und die Kooperation zwischen Schule und Jugendhilfe durch das neue Kinder- und Jugendhilfegesetz eine - wenn auch allgemeine - rechtliche Verankerung fand, so können die 1990er Jahre als Aufschwungphase der Schulsozialarbeit bezeichnet werden. In Deutschland entstehen im Zusammenhang mit der Wiedervereinigung schulsozialarbeiterische Projekte in den neuen Bundesländer im grossen Stil. In den alten Bundesländern werden Themen populär wie "Die Schule als Haus des Lernens" oder "Wege aus der Unterrichtsschule". Gegen Ende der 1990er Jahre ist die Zahl der Städte und Gemeinden in der Schweiz, die Schulsozialarbeit einführen, zweistellig. Erste vergleichende Projekte entstehen auf der Ebene der Europäischen Union. Schulsozialarbeit wird zu einem viel versprechenden, aber auch viel geforderten Kooperationsmodell zwischen Schule und Jugendhilfe, insbesondere in Schulen, die vor den Herausforderungen von Gewalt und Integration stehen.

Die Förderung von Projekten in den neuen deutschen Bundesländern ist besonders intensiv. Die Transformation des gesellschaftlichen Systems führte in den pädagogischen Einrichtungen zu grundlegenden Veränderungen. Hatten im früheren Bildungssystem der DDR die Lehrkräfte auf Grund des Integrationsauftrages der Schule weitreichende sozialpädagogische Funktionen übernommen, resultierte aus der Übernahme des bundesrepublikanischen Bildungssystems eine Arbeitsteilung zwischen Schule und Jugendhilfe. (Prüss/Bettmer 1996:238) In den Bundesländern wurde diese Arbeitsteilung unterschiedlich gestaltet und erprobt. (Vgl. Olk 2000:42f.)

Am Landesprogramm "Jugendarbeit an Thüringer Schulen" nahmen 44 Schulen insbesondere der Haupt- und Realstufe teil. Der Schwerpunkt der Jugendhilfeangebote lag im ausserunterrichtlichen Bereich, vor allem in offenen Freizeitangeboten (Spiel- und Freizeitangebote, Kurse, Veranstaltungen). Die wissenschaftliche Begleitung der Fachhochschule Jena legte 1998 einen Abschlussbericht vor. (Seithe 1998)

Die Schulsozialarbeit in Sachsen entwickelte sich aus dem Modellversuch "Handlungsmöglichkeiten von Lehrern und Sozialpädagogen zur Überwindung von Schwierigkeiten benachteiligter Jugendlicher in sozialen Brennpunkten", an dem drei Mittelschulen mitwirkten. Der Modellversuch orientierte sich an der Grundposition der sozialpädagogischen Schule: Lehrkräften wurden zusätzliche Unterrichtsstunden zur sozialpädagogischen Beratung und Begleitung ihrer Schülerinnen und Schüler zur Verfügung gestellt. Das Deutsche Jugendinstitut legte die Ergebnisse 1996 vor. (Elsner 1996)

Mecklenburg-Vorpommern entwickelte eine kombinierte Strategie. 1994 veröffentlichte das Kultusministerium einen Runderlass, der die sozialpädagogische Tätigkeit des Klassenlehrers bzw. der Klassenlehrerin vorsieht. Zudem sicherte ein umfassender Katalog von Leistungen der Jugendhilfe "eine zwar in Abstimmung und Kooperation mit den Lehrkräften gestaltete sozialpädagogische Arbeit, aber eine selbständige, eigenständige und absolut an Kindern und Jugendlichen orientierte pädagogische Arbeit" in der Institution Schule oder in ihrem Umfeld. (Prüss 1997:51) Franz Prüss, Professor an der Universität Greifswald, benannte dieses Konzept "schulbezogene Jugendhilfe" und evaluierte das Angebot im Bundesland im Rahmen des Forschungsprojektes "Entwicklung der Kooperation von Jugendhilfe und Schule in Mecklenburg-Vorpommern". (Prüss et al. 2000)

Die Strategie in Sachsen-Anhalt, wo 21 überwiegend Grund- und Realschulen am Modellprojekt "Schulsozialarbeit" teilnahmen, basierte ebenfalls auf zwei Säulen: Fachkräfte der Sozialen Arbeit wurden mit dem Auftrag der Hilfe für sozial gefährdete Schülerinnen und Schüler in den Schulhäusern eingesetzt. Zum anderen erfolgte - ähnlich wie in Mecklenburg-Vorpommern und im Geiste der sozialpädagogischen Schule - eine sozialpädagogische Nachqualifizierung von Lehrkräften. Die Begleitung erfolgte durch die Universität Halle-Wittemberg, der Evaluationsbericht erschien im Jahr 2000. (Olk et al. 2000)

Die finanziell intensivste Förderung von Schulsozialarbeit erfolgte in Brandenburg. Rund 50 Millionen Mark stellte das Bundesland für das "610-Stellen-Programm" zur Verfügung, wovon u.a. etwa 150 Schulsozialarbeitsstellen zumeist an Gesamtschulen geschaffen wurden. Inhaltlich wurden keine Vorgaben definiert. Schulsozialarbeit wurde aus den spezifischen Bedingungen im einzelnen Schulhaus heraus definiert und ausgestattet. Eine gemeinsame Strategie auf Landesebene gab es nicht. (KORUS 1999)

Offensive mit Handikaps

Mit dem Vorliegen der Evaluationsergebnisse aus den neuen Bundesländern erhält die Forschung zur Schulsozialarbeit einen enormen Bedeutungszuwachs. Dennoch zeigen einzelne Berichte, dass die Schulsozialarbeitsoffensive der 1990er Jahre nicht immer professionell gestaltet wurde.

De facto standen in den neuen Bundesländern die Grundpositionen der 1970er Jahre erneut auf dem Prüfstand. Generell schneiden diejenigen Bundesländer am besten ab, deren Konzept aus bisherigen Erfahrungen abgeleitet wurde. In Brandenburg, wo keine einheitliche Haltung auf Ministerienebene definiert wurde, stösst die Schulsozialarbeit nicht nur auf Schwierigkeiten innerhalb des Schulhauses (Kooperation mit Lehrkräften usw.), sondern auch innerhalb der Einrichtungen der Jugendhilfe (ungenügende Funktionsbeschreibungen, keine formalisierte Arbeitsteilung usw.). "Insgesamt betrachtet haben sich vielfältige Kooperationsbeziehungen zwischen Jugendhilfe und Schule durch die Projekte der Sozialarbeit an der Schule entwickelt", schreibt der KORUS-Bericht. "Betrachtet man die institutionalisierten Formen der Kooperation, dann wird deutlich, dass es hier gegenüber den Empfehlungen zur Sozialarbeit an den Schulen grossen Optimierungsbedarf gibt." (KORUS 1999:37) Am Fall Brandenburg zeigt sich einmal mehr, dass ein Erfolgskriterium von Schulsozialarbeit in der Klarheit ihrer Arbeitsansätze und Arbeitsinhalte liegt. Erst wenn die Schule die professionellen Funktionen der Schulsozialarbeit kennt, können Arbeitsabsprachen überhaupt erst erfolgen. Eine einheitliche Haltung zur Schulsozialarbeit von Seiten der Jugendhilfe ist hierbei von zentraler Bedeutung. Und wenn eine solche Haltung nicht nur auf lokaler oder regionaler Ebene, sondern auf Landesebene vorliegt, dann zeigt dies der Schule einerseits die Ernsthaftigkeit des Vorgehens, andererseits signalisiert dies den Rückhalt eines Projektes in einer Gemeinde durch die Landespolitik. Die Ergebnisse aus den neuen Bundesländern scheinen zu bestätigen, dass die Zeit für Einzelmassnahmen und das "learning by doing" vorbei sind. Gefragt sind der grosse Entwurf, die einheitliche Haltung, die gemeinsame Ausarbeitung der Inhalte. Ein solches Vorgehen zeigt die Ernsthaftigkeit der Bemühungen und trägt zur Transparenz und letztlich zur Professionalisierung des Berufsfeldes "Schulsozialarbeit" bei.

Der Evaluationsbericht des Teams um den Pädagogikprofessor Thomas Olk von der Universität Halle-Wittemberg beleuchtet den Erfolg des Modells in Sachsen-Anhalt. Es darf als Verdienst dieser Wissenschaftlerinnen und Wissenschaftler festgehalten werden, auf eine Vielzahl zu bewältigender Herausforderungen hinzuweisen und nicht nur die Erfolge zu zelebrieren. Auffällig ist die Feststellung, dass sich 70 Prozent der jüngeren (bis 6. Klasse) und 86 Prozent der älteren Schülerinnen und Schüler (7. bis 10. Klasse) so gut wie nie bei der Schulsozialarbeit aufhalten. (Olk et al. 2000:51) Bemerkenswert ist dieses Ergebnis, weil sich die Schulsozialarbeit in Sachsen-Anhalt auf sozial gefährdete Schülerinnen und Schüler zu konzentrieren versucht und in einer Befragung jede fünfte Schülerin und jeder fünfte Schüler der ersten bis sechsten Klasse zu erkennen gab, oft (statt ab und zu oder nie) grossen Kummer zu haben. "Die LehrerInnen und SchulsozialarbeiterInnen gehören bei vielen Sorgen und Problemen *nicht* zu den bevorzugtesten Ansprechpartnern", schreiben die Autoren. (Olk et al. 2000:87ff.) Bei wem holt sich der grosse Teil der Schülerinnen und Schüler mit Sorgen Hilfe? "In beachtlichem Masse werden die Probleme und Sorgen mit sich selbst ausgetragen", resümieren Thomas Olk und sein Team die Tatsache, dass für einen grossen Teil der Schülerinnen und Schüler trotz Schulsozialarbeit weder im Schulhaus, noch im sozialen Nahraum oder der Familie eine Vertrauensperson vorhanden ist.

Ist der Evaluationsbericht aus Sachsen-Anhalt der Beweis, dass das zielgruppenorientierte Vorgehen der Schulsozialarbeit im Sinne der Grundposition "Sozialarbeit an der Schule" die falsche Strategie ist? Sollte sich Schulsozialarbeit doch eher an alle Schülerinnen und Schüler wenden? Haben sich die Expertinnen und Experten des zehnten Jugendberichtes geirrt, als sie die Rückbesinnung der Schulsozialarbeit auf die im Paragraph 13 des Kinder- und Jugendhilfegesetzes genannten Aufgaben forderten? Meines Erachtens nicht. Thomas Olk und sein Team weisen nach, dass sich Veränderungen dort zeigen, wo die Schulsozialarbeit Zugang hat. So gibt ein Drittel der älteren Schülerinnen und Schüler an, dass sie eine Vertrauensperson oder eine Unterstützung bei Lernproblemen vermissen würden, wenn es keine Schulsozialarbeit mehr gäbe. Dabei gilt, dass das Verlustempfinden grösser ist, je regelmässiger der Kontakt zur Schulsozialarbeit ist. Das spricht für die Arbeit der Schulsozialarbeit. Denn in jeder einzelnen Beratung oder Begleitung steht die Schulsozialarbeiterin oder der Schulsozialarbeiter mit dem Methodenwerkzeug auf dem Prüfstand. Bei Jugendlichen, die die Schulsozialarbeit vermissen würden, hat die Schulsozialarbeit es geschafft, eine Beziehung aufzubauen. Und das ist eine der Voraussetzungen für den Erfolg ihrer Arbeit. Die Ergebnisse aus Sachsen-Anhalt sprechen also nicht gegen die Zielgruppenorientierung im schulsozialarbeiterischen Schaffen. Gründe, warum nur ein kleiner Teil der Schülerinnen und Schüler die Angebote der Schulsozialarbeit wahrnimmt, müssen in den Verfahren der Anbahnung und Aufrechterhaltung der Beziehungsangebote gesucht werden. Und da zeigen sich prekäre Missstände. So verfügten nur zwei der 21 Schulsozialarbeiterinnen und Schulsozialarbeiter, die in Sachsen-Anhalt eingesetzt wurden, über eine sozialpädagogische Ausbildung. Erzieherinnen, Lehrerinnen und Lehrer stellten das Gros der "Fachpersonen". Ja sogar eine habilitierte Historikerin erhielt die Chance, Schulsozialarbeiterin zu werden. (Olk et al. 2000:109) Es soll an dieser Stelle kein Plädoyer gehalten werden gegen die Mobilität im Berufsleben und auch keine Abwertung von Berufsbiographien vorgenommen werden. Es soll auch nicht angedeutet werden, dass eine Hochschulassistentin nicht mit Jugendlichen arbeiten könne. Aber es muss festgehalten werden, dass die berufsfremden Personen gar nie die Chance hatten, sich auf die Arbeit mit den Schülerinnen und Schülern, wie sie im Modellversuch verlangt wird, professionell vorzubereiten. Das ist kein Vorwurf an die Schulsozialarbeiterinnen und Schulsozialarbeiter. Die Projektverantwortlichen haben es versäumt, der guten Projektidee die notwendige Struktur zu geben.

Fehlende Nachqualifikationsmöglichkeiten und zeitliche Befristung des Angebotes verhindern eine professionelle Beziehungsarbeit. Welche Schülerin und welcher Schüler in einer schwierigen Lebenslage vertraut sich einer Person an, deren Professionalität schnell an Grenzen stösst, die nur unregelmässig im Schulhaus anwesend ist und nach einer Zeit gar nicht mehr erscheint, weil das Projekt endet? Kopiert da die Schulsozialarbeit nicht genau das Dilemma, in dem sich diese Jugendlichen befinden, nämlich keine Konstanz in den Beziehungen aufrechterhalten zu können? Diesen Kardinalfehler melden die Schulsozialarbeiterinnen und Schulsozialarbeiter auch zurück: "Fehlendes methodisches Rüstzeug ermöglichte oft nur ein Handeln [...] aus dem Bauch heraus.", "Ich geh viel vom Gefühl aus.", "Mütterlichkeit trat oft an die Stelle von pädagogischer Reflexion und Deutung von Problemen.", waren Antworten der Schulsozialarbeiterinnen und Schulsozialarbeiter. (Olk 2000:119) Ein Ausweg aus diesem Dilemma scheint sich dann in der Diversifizierung der Tätigkeitsfelder zu zeigen. Statt sich in die zielgruppenorientierte Beratung und Begleitung zu vertiefen, flüchten sich die Schulsozialarbeiterinnen und Schulsozialarbeiter in solche Arbeitsbereiche, "die schon irgendwie gehen". In Sachsen-Anhalt waren das der Freizeitbereich, Lernhilfen, Hausaufgabenhilfe und die Gestaltung von Übergangszeiten im Schulhaus. In den letzten Fällen ist der Weg zur Hilfslehrkraft nicht mehr weit. Das muss fast zwangsläufig zu Akzeptanzproblemen und Rollenkonfusion bei den Lehrkräften führen.

Zusammenfassend könnte man meinen, dass auf Ministeriumsebene in einer gründlichen Vorbereitung eine gemeinsame Haltung entwickelt und ein professioneller Partner zur Evaluation gefunden wurde. Anschliessend wurde ein konsistentes Kooperationsmodell Personen übergeben, die einerseits nicht über dringend notwendige Voraussetzungen verfügten, mit diesem Modell zu arbeiten (und diese auch in kurzer Zeit nicht nachholen konnten), und andererseits nicht über Zeitgefässe und Strukturen verfügten, um das Modell adäquat umzusetzen.

Auch in Thüringen stellt sich die Frage, ob der zweibändige Evaluationsbericht überhaupt notwendig war. Denn evaluiert wurde eigentlich nicht die Schulsozialarbeit, sondern ein Beschäftigungsprogramm. "Da zur Zeit des Projektbeginns dem Arbeitsmarkt so gut wie keine Diplom-SozialpädagogInnen zur Verfügung standen, griff man in der Regel auf arbeitslose Fachkräfte aus anderen pädagogischen Berufen zurück", schreibt Mechthild Seithe, Professorin an der Fachhochschule Jena, als sie die Voraussetzungen der rund 90 Schulsozialarbeiterinnen und Schulsozialarbeiter an den 44 beteiligten Schulen beschreibt. Da mag es nicht verwundern, wenn sich fast die Hälfte der Schulsozialarbeiterinnen und Schulsozialarbeiter "wenig angenommen und unterstützt" fühlt, die "Kommunikation als distanziert und z.T. ablehnend empfindet" und "eine durchaus bedeutende Anzahl von MitarbeiterInnen nicht in der Lage oder bereit ist, LehrerInnen zu benennen, mit denen sie gut kooperieren" (Seithe 1998:85).

Im Gegensatz zu Sachsen-Anhalt stand in Thüringen die Schaffung von Freizeitangeboten und Kommunikationsorten von Beginn an im Vordergrund schulsozialarbeiterischen Schaffens. Die Einzelfallhilfe und die Arbeit mit problematischen Schülerinnen und Schüler wurden als weniger wichtig eingestuft, obwohl auch in Thüringen die Schulleitungen angaben, dass fünf bis 20 Prozent der rund 11'000 Kinder und Jugendlichen (das sind 550 bis 2200 Kinder und Jugendliche!) "massive psychosoziale Probleme" haben.

Im Schnitt nutzten 73 Prozent der Schülerinnen und Schüler die Angebote der Schulsozialarbeit in Thüringen, davon der überwiegende Teil den Schülerclub. Die Attraktivität des Besuchs lag darin, Freunde zu treffen und einer angenehmen und lustbetonten Beschäftigung nachzugehen. Wer erwartete, die Schulsozialarbeiterinnen und Schulsozialarbeiter würden durch die freizeitpädagogischen Angebote (statt der Individualhilfe) eher von Schülerinnen und Schülern bei persönlichen Problemen zu Rate gezogen zu werden, irrt. "Man kann schlussfolgern, dass die MitarbeiterInnen der Jugendhilfe *nicht* Ersatzfunktion für fehlende Kontakte im primären sozialen Netz der SchülerInnen einnehmen. [...] Die SozialpädagogInnen sind in ihrer beratenden Funktion *nicht* dort besonders wirksam und eher erreichbar für solche SchülerInnen, die im Leben ansonsten keine Kontaktpersonen haben." (Seithe 1998:116) Stattdessen glauben viele Schülerinnen und Schüler, die Schulsozialarbeit habe ihre Aufgabe in der Beratung bei schulischen Problemen.

Dementsprechend wünschen sie sich eine grössere Präsenz der Schulsozialarbeit in spezifisch schulischen Bereichen, wohlgemerkt um die Interessen der Schülerinnen und Schüler gegenüber den Lehrkräften zu vertreten. (Seithe 1998:120) Wir werden an anderer Stelle darauf eingehen, dass dies eine falsch verstandene Definition von "Interessenvertretung" ist.

Überhaupt hat die Schulsozialarbeit in Thüringen Erklärungsbedarf über ihre Zielsetzungen und die damit verbundenen Inhalte ihrer Tätigkeiten. Mechthild Seithe hat in ihrer Evaluation Schulleitungen und Jugendamtsleitungen über die Erfolge schulsozialarbeiterischen Schaffens befragt. Auffällig ist, wie die Einschätzungen in zentralen Positionen auseinanderklaffen (vgl. Tab. 4).

Tabelle 4: Erfolgseinschätzungen von Jugendamts- und Schulamtsleitungen

Nach Einschätzung von x Prozent der Jugendamts- bzw. der SchulamtsleiterInnen gibt es deutliche Veränderungen in folgenden Bereichen:	**Jugendamts-leiterInnen (N=29; in Prozent)**	**Schulamts-leiterInnen (N=32; in Prozent)**
Das Freizeitangebot hat sich verbessert	82	100
Öffnung der Schule zum Stadtteil	71	69
Verhaltensgestörte und problembelastete Kinder und Jugendliche bekamen schneller und unkomplizierter Hilfe	59	75
Die Zusammenarbeit zwischen Schule und Jugendamt hat sich verbessert	59	30
Verbesserung des Schulklimas	53	75
Verbesserung der Lern- und Lebenschancen sozial Benachteiligter	41	63
Schule ist für SchülerInnen interessanter geworden	30	57
Abnahme von Gewalt an der Schule	30	44
Abnahme von "Null-Bock-Stimmung" und Schulverweigerung	30	44
Intensiver Kontakt der Schule zu Eltern	24	57
Veränderung des Erziehungsstils und der Lehrmethoden in der Schule/Interesse der LehrerInnen für Projektarbeit und Gruppenarbeit geweckt	6	38

aus: Seithe (1998:128)

Beide Parteien stimmen noch darin überein, dass sich das Freizeitangebot verbessert hat. Doch bereits in der zweitwichtigsten Aufgabe, der Hilfestellung für problembelastete Kinder und Jugendliche, gehen die Einschätzungen deutlich auseinander. Nur 60 Prozent der Jugendamtsleiterinnen und -leiter, aber 75 Prozent der Schulamtsleiterinnen und -leiter glauben, dass es deutliche Verbesserungen in diesem Bereich gibt. Überhaupt sind die Einschätzungen der Jugendamtsleitungen grundsätzlich pessimistischer, was die Erfolge angeht, als die der Schulleitungen. Einzige Ausnahme ist die Zusammenarbeit zwischen Jugendamt und Schule. Hier geben 59 Prozent der Jugendamtsleitungen deutliche Verbesserungen an, aber nur 31 Prozent der Schulleitungen. Wir können spekulieren, was diese Ergebnisse bedeuten: Vielleicht sind Schulleitungen bereits mit kleinen Erfolgen zufrieden? Vielleicht ist allein schon die Anwesenheit der Schulsozialarbeit ein Fortschritt? Vielleicht sind Jugendamtsleitungen grundsätzlich pessimistisch? Eine generelle Herausforderung kann aus den Einschätzungsunterschieden abgeleitet werden: Die Zusammenarbeit zwischen Jugendamt und Schule ist ein kommunikativer Prozess und bedarf einer Vielzahl von Klärungen. Was ist eine "schnelle und unkomplizierte Hilfe" für problembelastete Kinder und Jugendliche? Bei welchen Problemen sollte diese Hilfe angeboten werden? Wie weit geht die Hilfeleistung und welche Bezugspersonen, wie z.B. Eltern, sind in solche Prozesse einzubeziehen? Nur das Nichtwissen dieser für die Schulsozialarbeit grundlegenden Prinzipien kann dazu führen, dass sich die Schule, die wichtigste Kooperationspartnerin, nicht angemessen an den Zielsetzungen der Schulsozialarbeit beteiligt und dann bereits einen Erfolg vermeldet, wenn die Schulsozialarbeit meint, erst am Beginn des Hilfsprozesses zu stehen. Die Diskussion über Begriffe, Methoden und Verfahren muss zwischen Schule und Schulsozialarbeit diskutiert (wenn nicht geklärt) werden. Schulsozialarbeit ist von ihrer Anlage her ein interdisziplinäres Setting und die damit verbundenen Herausforderungen dürfen nicht unterschätzt werden.

Eine Unübersichtlichkeit im schulsozialarbeiterischen Tun im Bundesland Mecklenburg-Vorpommern stellten auch Franz Prüss und sein Team vom Institut für Erziehungswissenschaften an der Universität Greifswald fest. Rund 250 Projekte mit 450 Mitarbeiterinnen und Mitarbeitern hatten sie in der Umfrage berücksichtigt und festgestellt, dass 60 Prozent der Realschulen des Landes bereits über Angebote schulbezogener Jugendhilfe verfügen. Es blieb "der Eindruck der Uneinheitlichkeit und Unübersichtlichkeit" (Prüss et al. 2000:37), gekoppelt mit fehlenden Kriterien zur Beurteilung der Fachlichkeit. Dass darunter die Qualität der Zusammenarbeit leidet, machen die Autoren an einer Befragung bei Lehrkräften über die Zusammenarbeit mit der Schulsozialarbeit deutlich (Tabelle 5).

Gefragt nach den Gründen, die die Zusammenarbeit mit der Schulsozialarbeit beeinträchtigen, antworten die Lehrkräfte mit den drei Punkten, die nicht nur in den neuen Bundesländern sondern in Projekten der Schulsozialarbeit generell unterschätzt werden: Schulsozialarbeit ist kein Kurzzeitprojekt; es ist eine mittelfristige Kooperation, die entsprechend geplant werden muss. Schulsozialarbeit braucht fachlich qualifiziertes Personal; die Methoden der Sozialen Arbeit müssen beherrscht und an die spezifischen Bedingungen der Schule adaptiert werden. Schulsozialarbeit muss klare Ziele haben; für Lehrkräfte muss deklariert werden, was sie erwarten können und was sie zum Gelingen beitragen müssen.

Tabelle 5: Lehrkräftebefragung zur Zusammenarbeit

Das beeinträchtigt die Zusammenarbeit mit der Schulsozialarbeit	in sehr starkem Masse	ziemlich stark	eher wenig	überhaupt nicht
	alle Angaben in Prozent			
fehlende personelle Kontinuität des Projektes der Schulsozialarbeit	26.6	32.9	32.9	7.6
fehlende zeitliche Perspektive des Projektes der Schulsozialarbeit	13.0	41.6	36.4	9.1
unklare Funktionen und Ziele der Schulsozialarbeit	2.5	33.8	40.0	23.8
schlechte sachliche und räumliche Bedingungen des Projektes der Schulsozialarbeit	2.5	26.6	60.8	10.1
unterschiedliche gegenseitige Erwartungen	2.5	25.0	61.3	11.3
unklare Zuständigkeiten und Entscheidungskompetenzen	4.9	18.5	44.4	32.1
mangelnde gegenseitige Bereitschaft, sich in die Rolle des anderen hineinzuversetzen	0	13.2	59.2	27.6
zu starke räumliche Nähe des Projektes der Schulsozialarbeit zur Schule	1.2	4.9	54.3	39.5
zu starke räumliche Distanz des Projektes der Schulsozialarbeit zur Schule	2.6	5.3	39.5	52.6
mangelnde gegenseitige Anerkennung der beruflichen Kompetenz	0	10.1	48.1	41.8

aus: Prüss et al. (2000:154) - leicht geändert

Profilbildung

Bei aller Kritik an den Umsetzungsstrategien von Konzepten der Schulsozialarbeit haben sich in den 20 Jahren, während denen sich das Kooperationsmodell zwischen Schule und Jugendhilfe in Deutschland auf dem Prüfstand befand, grundlegende Erkenntnisse herauskristallisiert. Es soll an dieser Stelle nicht der Versuch unternommen werden, diese zusammenfassend darzulegen. Dies ist in Anbetracht der Vielzahl von Veröffentlichungen gar nicht möglich. Eher punktuell und im Hinblick auf folgende Kapitel, die sich einzelnen Handlungsfeldern widmen, sollen hier drei Aspekte hervorgehoben werden: Die Ausdifferenzierung von Kooperationsformen zwischen Schule und Jugendhilfe, die Tätigkeitsbereiche der Schulsozialarbeit mit ihren rechtlichen Grundlagen und die Angebote der Schulsozialarbeit nach ihren Zielsetzungen.

Bereits Wilfried Wulfers hat der Frage der Zusammenarbeit grossen Wert beigemessen, weil sich daran letztlich der Handlungsspielraum der Schulsozialarbeit entscheidet. Wulfers unterschied mit dem Distanzmodell, dem Integrations- bzw. Subordinationsmodell und dem Kooperationsmodell drei Formen des Verhältnisses von Schule und Jugendhilfe. (Wulfers 1996:74f.) Grob skizziert, steht das Distanzmodell für ein unverbundenes Nebeneinander von Schule und Jugendhilfe. Ein Höchstmass an Autonomie auf Seiten der Sozialarbeit geht mit einem Minimum an Kooperation mit der Schule einher. Das Integrations- und Subordinationsmodell steht dagegen für die Unterstellung der Schulsozialarbeit unter die Zwecke der Schule. In vielen Fällen ist der Realtypus auch dadurch gekennzeichnet, dass die Schulbehörde Trägerin der Schulsozialarbeit ist. Im Kooperationsmodell schliesslich - dem Modell einer gleichberechtigten Partnerschaft - gestatten Arbeitsabsprachen zwischen Schule und Jugendhilfe auch den Einsatz der Schulsozialarbeit im Unterricht, ohne sich allerdings auf Funktionen einer Hilfslehrkraft einschränken zu lassen.

Es ist das Verdienst von Mechthild Seithe, diese Kooperationsmodelle weiterentwickelt zu haben und der Praxis damit Orientierungshilfen bei der Ausgestaltung von Schulsozialarbeitsprojekten zu liefern. Auf Basis der Evaluation in Thüringen unterscheidet sie sechs Typen. (Tabelle 6; aus Seithe 1998:217)

Es versteht sich vor dem Hintergrund der bisherigen Ausführungen, dass mit dieser Typisierung und aus der Perspektive der Jugendhilfe das kooperativ-konstitutive Modell den Idealtypus einer Zusammenarbeit zwischen Schule und Jugendhilfe darstellt. Und zwar nicht im Sinne eines Selbstzwecks, sondern im Interesse der Schülerinnen und Schüler.

Es geht darum, *gemeinsam* Verantwortung für das Wohl der Schülerinnen und Schüler zu übernehmen statt zu delegieren, arbeitsteilige Vorgehen zu definieren statt gegeneinander auszuspielen, interdisziplinäre Lösungsansätze zu favorisieren statt auf einer Einzelmassnahme zu beharren.

Tabelle 6: Kooperationsmodelle

Bezeichnung	Charakterisierung
Additiv-destruktives Modell	Es gibt keine Berührungspunkte zwischen Schule und Schulsozialarbeit und eine überwiegend distanzierte und misstrauische Grundstimmung überwiegt.
Additiv-konstruktives Modell	Es bestehen keine wesentlichen Berührungspunkte, aber eine grundsätzlich akzeptierende Haltung gegenüber der jeweils anderen Tätigkeit ist vorhanden.
Integratives Modell "Hilfslehrkraft"	Die Schule betraut die Schulsozialarbeit mit Hilfsfunktionen (Hausaufgabenhilfe, Pausenaufsicht, Einsatz in Ausfallstunden). Schulsozialarbeit gelingt es nicht, ein eigenständiges Jugendhilfeprofil zu entwickeln.
Integratives Modell "sozialpädagogische Schule"	Die Schule vereinnahmt die Schulsozialarbeit und betraut sie mit pädagogischen Aufgaben im schulischen Bereich (z.B. Unterrichtung von Vorklassen).
Kooperativ-sporadisches Modell	Es bestehen von Seiten der Schule und Jugendhilfe Bemühungen, aufeinander zuzugehen. Kooperation wird für wichtig gehalten. Eine Zusammenarbeit erfolgt in einzelnen Bereichen.
Kooperativ-konstitutives Modell	Schule und Jugendhilfe bemühen sich um eine intensive Kooperation. Die Zusammenarbeit zwischen Lehrkräften und Schulsozialarbeiterin/ Schulsozialarbeiter wird als zentrales Merkmal definiert.

Welche Grundpositionen oder Orientierungen gibt es in der Schulsozialarbeit? Wir hatten zu Beginn des Kapitels die Positionen "Sozialarbeit in der Schule", "Sozialpädagogik in der Schule" und "sozialpädagogische Schule" unterschieden. Die beiden ersten Grundpositionen haben sich im Zusammenhang mit der rechtlichen Ausdifferenzierung weiter verfeinert. Thomas Olk und sein Team stellen eine Dreiteilung der Arbeitsbereiche von Schulsozialarbeit vor. (Olk et al. 2000:183)

Danach lassen sich grob drei Richtungen unterscheiden: Schulsozialarbeit, die sich auf die Betreuung und Freizeitgestaltung im ausserunterrichtlichen Bereich sowie auf das Umfeld der Schule konzentriert. Hier geht es darum, allen Schülerinnen und Schülern Angebote zur Verfügung zu stellen, mit denen sie ihre Freizeit sinnvoll selbst gestalten können. Schulsozialarbeit, die sich auf eine spezielle Zielgruppe, Kinder und Jugendliche in schwierigen Lebenskontexten, konzentriert, nutzt dagegen andere Methoden und Angebote. Hier dominieren Einzelfallhilfe und soziale Gruppenarbeit, etwa bei der Frage des Übergangs von der Schule in den Beruf. Dass die beiden genannten Typen eher Ideal- als Realtypen darstellen, berücksichtigt die dritte Richtung, in der sich Angebote an gefährdete Schülerinnen und Schüler mit solchen an alle Kinder und Jugendliche verbinden. Olk nennt diesen Typus *integriert sozialpädagogisch*.

Tabelle 7: Arbeitsbereiche der Schulsozialarbeit und Zielgruppen

	Freizeitpädagogische Orientierung	**Problembezogene fürsorgerische Orientierung**	**Integrierte sozialpädagogische Orientierung**
Arbeitsansatz	Ergänzung des schulinternen Unterrichtsgeschehens durch Massnahmen und Angebote der offenen Kinder- und Jugendarbeit.	Arbeit mit Kindern und Jugendlichen in Problemsituationen.	Verknüpfung von einzellfall- und gruppenbezogenen Probleminterventionen mit offenen, präventiv ausgerichteten Freizeit- und Betreuungsangeboten.
Gesetzliche Grundlage	§ 11 KJHG	§ 13 KJHG	§§ 13 und 11 KJHG
Zielgruppen	Alle Schüler/innen.	Kinder und Jugendliche mit sozialen Benachteiligungen und/oder individuellen Beeinträchtigungen.	Alle Schüler/innen sowie insbesondere Schüler/innen mit sozialen Benachteiligungen und/oder individuellen Beeinträchtigungen.

Welches sind nun die Angebote der Schulsozialarbeit und welche Zielsetzungen stehen dahinter? Auch hier liegen bereits ein Reihe von Vorschlägen vor: Wilfried Wulfers (1996:57ff.) unterschied die drei Aufgabenfelder unterrichtlicher, ausserunterrichtlicher und ausserschulischer Bereich. Im unterrichtlichen Bereich stehen für Wilfried Wulfers die Förderung schulischer Ziele bei Schülerinnen und Schülern sowie der Schule selbst im Vordergrund (Abbau von Schulunlust und Schulangst, Humanisierung des Schulalltags). Die Angebote im ausserunterrichtlichen Bereich zielen darauf ab, die Stressbelastung im Schulalltag zu reduzieren und Gesprächskontakte mit Schülerinnen und Schülern über schulische oder persönliche Probleme vorzubereiten. Schulsozialarbeit im ausserschulischen Bereich dient der Vernetzung mit Trägern der Jugendhilfe, der Konzeption spezieller Anlässe (z.B. Quartiertreffen), um die Schulsozialarbeit zu einem festen Bestandteil im Gemeinwesen zu entwickeln. Franz Prüss und sein Team haben die Angebotspalette aktualisiert und vor dem Hintergrund ihrer Reichweite und Zielsetzung in drei Kategorien systematisiert (Tabelle 8; aus Prüss 2000).

Tabelle 8: Angebote der Schulsozialarbeit

Bezeichnung	Charakterisierung
Lebenslagengestaltende präventive Angebote	Jugendpädagogisch spezifische Zugänge zur Schule, die versuchen, fachliche Standards der Jugendarbeit in die Institution Schule mit einzubringen und personelle und Peer-Kontakte über eine offene Freizeit- und Kulturarbeit und die Jugendarbeit zu entwickeln, die für die Jugendlichen sonst nicht entstehen und sich als soziale Unterstützung erweisen und den Aufbau von Beziehungsstrukturen ermöglichen.
Lebensperspektivenentwickelnde orientierende Angebote	Beratende Hilfe- und Unterstützungsleistungen im schulischen Kontext zur Lebensorientierung, indem durch erwachsene Ansprech- und Vertrauenspersonen Leistungen zur Berufsvorbereitung und Jugendberufshilfe als Unterstützung zur Entwicklung gegeben werden und als soziale Unterstützung zu verstehen sind.
Problembearbeitende integrierende Angebote	Schülerbezogene Hilfe- und Unterstützungsleistungen für diejenigen Kinder und Jugendlichen, die durch die Schule mit ihren sozialen Defiziten und Belastungen nicht aufgefangen werden können. Diese Angebote sollen Ausgliederungs- und Benachteiligungstendenzen entgegenwirken, soziale Benachteiligung ausgleichen und individuelle Beeinträchtigungen überwinden helfen.

Es bleibt anzumerken, dass jeder Angebotstyp ein spezifisches Methodenwissen auf Seiten der Schulsozialarbeit verlangt. Es reicht nicht, über das Methodenrepertoire der Sozialen Arbeit zu verfügen. Das ist sozusagen das Eintrittsbillet, um überhaupt in der Schulsozialarbeit tätig zu sein. Die Methoden müssen vielmehr an den spezifischen Kontext Schule adaptiert werden. Hierin liegt eine der zukünftigen Aufgaben derjenigen Fachpersonen, die Projekte zur Schulsozialarbeit begleiten oder evaluieren.

Wie weiter?

Mit den Ausführungen dieses Kapitels wird deutlich, dass es *die* Definition von Schulsozialarbeit nur bedingt geben kann. Schulsozialarbeit stellte immer schon ein Desiderat entweder von Seiten der Jugendhilfe oder von Seiten der Schule dar. Während die einen von der Schulsozialarbeit sprechen, um die Schule zu humanisieren und zu demokratisieren, gilt für andere die Schulsozialarbeit als Instrument, um Sozialisationsdefizite auszugleichen oder - wie im Falle der vorliegenden Publikation - um aus Sicht der Jugendhilfe auf die veränderten Lebenswelten zu antworten und Kindern oder Jugendlichen Hilfestellungen im Prozess des Erwachsenwerdens anzubieten. Während die einen mittels Schulsozialarbeit gefährdete Kinder und Jugendliche langfristig in die Gesellschaft integrieren wollen, dient anderen die Schulsozialarbeit dazu, Schülerinnen und Schüler wieder für den Unterricht tauglich zu machen.

Insofern sind Bernd Stickelmanns Forderungen nach Orientierung an defizitären Biographien ebenso berechtigt wie die von Karl-Heinz Braun und Konstanze Wetzel, die die Lernfähigkeiten und Lernbereitschaften von Kindern und Jugendlichen zu fördern versuchen. Und die Vertreterinnen und Vertreter der "offensiven Jugendhilfe" haben mit ihrer Forderung nach der politischen Grundhaltung der Schulsozialarbeit ebenso eine Berechtigung wie die schulreformerischen Strömungen von Norbert Hilbig und anderen.

Auch die unterschiedlichen Begriffsvarianten, die alternativ zum Begriff Schulsozialarbeit stehen, wie z.B. schulbezogene Jugendhilfe (Prüss 2000), sind keine wirklichen Absagen an das Konzept der Schulsozialarbeit. Denn diese Begrifflichkeiten versuchen, auf einzelne Aufgabenfelder wie den Übergang von der Schule in den Beruf oder die Öffnung der Institution Schule ins Gemeinwesen gezielter als bisher hinzuweisen. Schulsozialarbeit empfinden die Autorinnen und Autoren dann zu eng, zu sehr auf die Institution Schule statt die Lebenslagen der Schülerinnen und Schüler fixiert. Im Kern aber widersprechen die Begriffsalternativen nicht den Zielsetzungen von Seiten der Jugendhilfe oder Schulpädagogik.

Wird damit der Begriff Schulsozialarbeit zu einer Sammelkategorie? Verschiedentlich wird dies sogar gefordert. Aus dem Umstand heraus, dass es eben kein einheitliches Verständnis vom dem gibt, was Schulsozialarbeit ist. In diesem Fall müssen sich Wissenschaft und Praxis auf einen kleinsten gemeinsamen Nenner einigen. Suchen wir diesen, so wäre gemeinsam, dass es ich bei der Schulsozialarbeit um eine Kooperationsform handelt, die die räumlich-organisatorische Trennung zwischen Schule und Jugendhilfe aufbricht, Fachqualifikationen der Sozialer

Arbeit dauerhaft in der Schule ansiedelt und deren Angebote sich durch Niederschwelligkeit kennzeichnen.

Für die theoretische Fundierung der Schulsozialarbeit ist dieser kleinste gemeinsame Nenner untauglich. Hierzu braucht es genaue Vorstellungen von dem, was Schulsozialarbeit zu leisten imstande sein soll und aus welcher Tradition heraus sie die Zusammenarbeit mit der Schule sucht. Es muss geklärt werden, auf welchen Fundamenten Schulsozialarbeit steht, nach welchen Grundsätzen sie handelt und welche Methoden sie bietet. Sonst läuft Schulsozialarbeit Gefahr, im System Schule die Statistenrolle einzunehmen. Ein solches Vorgehen wiederum verlangt, Schulsozialarbeit aus dem Blickwinkel entweder der Schule oder der Jugendhilfe zu definieren. Diesen Versuch, Schulsozialarbeit aus Sicht der Jugendhilfe und mit Blick auf die Kooperationsfähigkeit mit der Schule zu definieren, soll im übernächsten Kapitel unter dem Titel eines integrationsorientierten Konzeptes von Schulsozialarbeit gewagt werden. Zuvor aber gilt es, schweizerische Beiträge zur Schulsozialarbeit herauszuarbeiten. Denn die Erfahrungen in der Schweiz leisten einen grossen Beitrag zur jugendhilfeorientierten Profilbildung der Schulsozialarbeit.

Schweizerische Beiträge zur Schulsozialarbeit

In der Schweiz hat die Schulsozialarbeit eine sehr viel jüngere Tradition als in anderen europäischen Ländern oder Amerika. Einzelne Projekte wurden zwar bereits in den 1970er Jahren initiiert, wurden aber zumeist nicht fortgeführt. Entweder weil die Finanzierung langfristig nicht gesichert werden konnte oder weil die Zusammenarbeit mit den Lehrkräften und die Akzeptanz im Schulhaus nicht gewährleistet war. Bis gegen Ende der 1990er Jahren eine Zunahme von Projekten der Schulsozialarbeit erkennbar wurde, dominierte in der Schweiz eine sporadische Kooperation zwischen Sozialer Arbeit und Schule. Dabei wurde die räumlich-organisatorische Trennung der beiden Institutionen bewusst nicht aufgehoben. Fachkräfte der Jugendhilfe kamen immer dann - und eben auch nur dann - in das Schulhaus, wenn sie von den Lehrkräften gerufen wurden. Sie arbeiteten zu Themen, die von der Schule vorgegeben wurden. Diese Zusammenarbeit hat in vielen Städten und Gemeinden der Schweiz zu einer Zusammenarbeit zwischen Schulen und einzelnen öffentlichen und privaten Anbietern geführt, die über Jahre hinweg Themen wie Schulhauskultur, Gewaltprävention, Drogenkonsum oder Gesundheit bearbeiteten.

Neben dieser eher unverbindlichen Kooperation verfügen viele Kantone über Fachinstitutionen im schulischen Umfeld. Insbesondere der Schulpsychologische Dienst ist über die eigentliche psychologische Abklärung hinaus mit Beratungsaufgaben betraut. Eine weitgehend funktionierende Grundversorgung der Schule mit psychologischen, ärztlichen und weiteren beratenden Diensten (wie z.B. Familien- und Erziehungsberatungen) ist damit vielerorts in der Schweiz (auch finanziell) gesichert.

Sicherlich ist die enge Verzahnung zwischen Schule und professionell unterstützenden Fachpersonen und -institutionen einer der Gründe, warum die Schulsozialarbeit erst gegen Ende der 1990er Jahre zum Modell wurde. Die zunehmenden Veränderungen in den Lebenswelten der Kinder und Jugendlichen, die steigende Zahl von Kindern und Jugendlichen mit Biographiebrüchen und viele zugewanderte Kinder und Jugendliche aus Kriegsgebieten führten das bisherige System an die Grenzen seiner Belastbarkeit. In der Folge wurden der Schulpsychologische Dienst, aber auch andere Fachinstitutionen vermehrt in Anspruch genommen, ohne allerdings die personelle Ausstattung anpassen zu können. Beantragen Lehrkräfte die psychologische Abklärung eines Schülers oder einer Schülerin, müssen sie oft mit mehrmonatigen Wartezeiten rechnen. Häufig griffen Lehrkräfte direkt auf die behördliche Jugendhilfe sowie die Instanzen des Kinder- und Jugendschutzes zurück. Vormundschaftsbehörden und Sozialberatungen wurden in den letzten Jahren mit einer zunehmend grossen Zahl von Meldungen konfrontiert, die eine akute Gefährdung eines Kindes oder Jugendlichen zum Gegenstand hatten. Das führte auch auf Seiten der Verwaltung zu Kapazitätsengpässen. So waren im Jahre 1996 rund 1200 Kinder des Schulkreises Limmattal in Zürich im Alter zwischen 0 und 19 Jahren im dortigen Jugendsekretariat anhängig. Das sind 13 Prozent aller Kinder des Schulkreises. Diesen Herausforderungen waren die Dienste nur zum Teil gewachsen.

Schliesslich trug auch die oft träge Reaktion der Schulbehörden, mit den neuen Herausforderungen umzugehen, zur (Über-)Belastung der Lehrkräfte bei. Langwierige Antragsprozeduren zur Finanzierung von externen Klärungshilfen auf der einen Seite und eine Vielzahl von neu geschaffenen, aber selten von anderen Angeboten klar unterscheidbaren Helferdiensten der Schulen (z.B. Ambulante Heilpädagogik, Kriseninterventionsteams, Lernbüros) führten dazu, dass die Lehrkräfte das Gefühl hatten, in diesem strukturlosen Angebotswirrwarr letztlich doch auf sich selbst gestellt zu sein.

Vorreiterin Westschweiz

Die Entwicklung und den Stand der Schulsozialarbeit in der Schweiz sytematisch zu erfassen, ist schwierig. So gibt es von Seiten der Universitäten oder Fachhochschulen wenig Fachartikel oder Buchpublikationen. Eine vergleichbar gute Basis, wie etwa das Handbuch Schulsozialarbeit (Raab et al. 1987), liegt für die Schweiz ebensowenig vor wie eine Zusammenfassung der Leistungen der behördlichen Jugendhilfe (etwa die Jugendberichte der Bundesregierung). Nur wenige Verantwortliche für Projekte der Schulsozialarbeit haben eine wissenschaftliche Evaluation in Auftrag gegeben. Jeder Versuch - so auch der vorliegende -, die Situation in der Schweiz zu skizzieren, muss daher auf Diplomarbeiten, unveröffentlichtes Material und Erkenntnisse aus dem persönlichen Gespräch mit den Schulsozialarbeiterinnen und Schulsozialarbeitern vor Ort zurückgreifen.

Die längste Erfahrung in der Zusammenarbeit mit Fachkräften aus der Sozialen Arbeit haben die Städte Genf und Lausanne. Die Schulsozialarbeiterinnen und Schulsozialarbeiter an den circles d'orientation in Genf (vergleichbar mit den deutschen Gesamtschulen) haben Querschnittsfunktionen. Sie beraten sozial gefährdete Jugendliche, wirken im Unterricht oder der Elternarbeit mit und organisieren ausserschulische Treffpunkte. (Munsch 1996:6)

In Lausanne wurde bereits 1974 eine Schulsozialarbeiterin eingestellt. Anfänglich auf der Primarstufe tätig, wechselte diese später auf die Sekundarstufe. Im Jahre 1992 betreuten vier Fachpersonen in Lausanne zwölf Schulstandorte mit insgesamt 11'000 Kindern und Jugendlichen. Das grosse Zuständigkeitsgebiet bedingte die Konzentration auf solche Kinder und Jugendliche, die bereits durch Schulmüdigkeit oder sozial auffälliges Verhalten aufgefallen waren. "Ungefähr die Hälfte der behandelten Probleme sind Verhaltensauffälligkeiten, wie zum Beispiel Schulschwänzen, Schulschwierigkeiten, fehlende Anstrengungen in der Schule, Gewalttätigkeit und Ungehorsam. Danach kommen Schwierigkeiten im Lebensumfeld, z.B. Misshandlungen, Tod, Scheidung", schreibt Chantal Munsch. Trotz ähnlicher Arbeitsinhalte bestehen deutliche strukturelle Unterschiede zwischen der Schulsozialarbeit in den beiden Städten: Während die Schulsozialarbeit in Genf eher dem Modell der kritischen Integration folgt, sind die Fachpersonen in Lausanne dem medizinischen Dienst der Lausanner Schulen unterstellt und arbeiten mit den Schulleitungen intensiv zusammen. "Sie beraten die Direktion und die LehrerInnen auch in vielen Fällen, in denen sie nicht eingreifen." (Munsch 1996:30). Es verwundert nicht, dass in Genf die Zusammenarbeit zwischen Jugendhilfe und Schule an Grenzen der Akzeptanz und der Kooperationsbereitschaft stösst, ein solcher Widerstand "in Lausanne jedoch nie erwähnt wurde".

In der Deutschschweiz entstand 1987 an der Gewerblichen Berufsschule Wattwil die Schulsozialarbeit als Angebot des Kirchlichen Sozialdienstes. Getragen wurde die 100-Prozent-Stelle von den beiden Kirchengemeinden. Die Tätigkeit war "im christlichen Sinne auf die Förderung und Entfaltung der Persönlichkeit sowie des Verantwortungsbewusstseins der Lehrlinge und Lehrtöchter ausgerichtet". Konkret bot der Schulsozialarbeiter den Lehrlingen Beratung und Hilfe in psychischen und sozialen Problemsituationen, Lehrkräften die Mitarbeit im Unterricht und Lehrmeisterinnen und Lehrmeistern die Beratung in Problemsituationen an. Ein Jahr später etablierte die Katholische Kantonssekundarschule in St. Gallen ebenfalls im Rahmen ihres Sozialdienstes eine Projektstelle Schulsozialarbeit. 50 Stellenprozente wurden für drei Schulhäuser und 750 Schülerinnen und Schüler eingesetzt, das Büro befand sich in der Innenstadt. Wie in Lausanne stand auch in St. Gallen die Reintegration schulmüder Jugendlicher in den Schulbetrieb im Vordergrund. "Ziel der Stelle ist es, Schülerinnen und Schüler im persönlichen, zwischenmenschlichen und schulischen Umfeld zu begleiten und zu beraten. Nach Möglichkeit sollen Bedingungen geschaffen werden, die es jedem Schüler und jeder Schülerin innerhalb der Rahmenbedingungen der Schule ermöglichen, sich zu entfalten, zu entwickeln und die gesteckten schulischen Ziele zu erreichen", heisst es im Konzept.

Im Jahre 1988 wurde in Bülach im Kanton Zürich die erste feste Stelle von einer politischen Gemeinde in der Deutschschweiz eingerichtet. Interessanterweise nicht auf Sekundarstufe, sondern in einem Primarschulhaus. Auch hier war das sozial auffällige Verhalten der Kinder Anlass zum Handeln. Entstanden ist eine 50-Prozent-Stelle, die alle Merkmale heutiger Schulsozialarbeit trägt: ein eigenes Büro im Schulhaus, die Beschränkung auf einen Standort, die Professionalität des Stelleninhabers in der Sozialen Arbeit. In Bülach steht der ausserunterrichtliche Bereich im Vordergrund der Aktivitäten. An den schulfreien Nachmittagen wird das Schulhaus für die Schülerinnen und Schüler, aber auch ihre Eltern und andere Quartierbewohnerinnen und -bewohner geöffnet. "Die PrimarschülerInnen lernen ihr Schulhaus nicht nur als Lernpalast kennen, sondern auch als Freizeitparadies", schreibt der Schulsozialarbeiter Rolf Sigg. (Sigg 1996:12) "Kinder aus verschiedenen Klassen lernen sich besser und anders kennen, als wenn sie einander nur auf dem Pausenplatz treffen. Auffällige SchülerInnen versuche ich zu integrieren oder ihnen Aufgaben zu übertragen, damit sie lernen, Verantwortung zu übernehmen." Für die Eltern werden spezielle Anlässe durchgeführt wie das "Elternkränzli", wo in zwangloser Atmosphäre über Schul- und Erziehungsprobleme diskutiert wird. Zum jährlichen Spaghetti-Treff erscheinen bis zu 600 Personen. Die Schulsozialarbeit in Bülach versteht sich als Scharnier zwischen Lehrkräften und Eltern. "Wenn für die Eltern keine Hemmschwellen mehr bestehen, das Schulhaus zu betreten, öffnet sich natürlich auch die Beziehung zu den Lehrern und Lehrerinnen. [...] Ich möchte, dass ein grundsätzliches Vertrauen zwischen Eltern und LehrerInnen entstehen kann, damit Gespräche nicht erst dann einsetzen, wenn Schulprobleme aktuell sind." (Sigg 1996:12)

Die Suche nach weiteren Projekten aus den 1970er oder 1980er Jahren in der Schweiz ist vergeblich. Ebenso die Recherche nach wissenschaftlichen Evaluationen der oben genannten Projekte. Dies alles belegt den geringen Stellenwert der Schulsozialarbeit in der Schweiz bis weit in die 1990er Jahre. "'Sozialpädagogik und Schule' ist in der Schweiz auf der Metaebene der Bildungsforschung und der Schulreformdiskussion, d.h. auf leitbildschaffender Ebene, kein Thema", schrieben Geraldine Auf der Maur und Dorothee Schaffner noch im Jahre 1994. (Auf der Maur/Schaffner 1994:29) Die beiden Studentinnen an der Universität Zürich befragten die kantonalen Erziehungsdepartemente, Fachhochschulen (damals noch Höhere Fachschulen), Institute der Berufsforschung und Präventionsfachstellen. Sie recherchierten via Internet und Datenbanken und kamen zu dem Ergebnis, dass es kaum Literatur gibt, die sich reflektierend mit schulsozialpädagogischen Programmen in der Schweiz befasst. Sie bemängelten, dass der Begriff "Sozialpädagogik" von der Eidgenössischen Erziehungsdirektorenkonferenz im Bereich der Lehrerausbildung gar nicht explizit genannt wird und dass die Ausbildungsstätten das Thema Schulsozialarbeit in ihren Curricula nicht berücksichtigen.

Zwei Jahre später nahmen sich Esther Christen und Simone Pfeiffer, Studentinnen an der Fachhochschule für Soziale Arbeit beider Basel, eine Bestandsaufnahme der Schulsozialarbeit in der Deutschschweiz vor. Ihre Motivation entstand im Zusammenhang mit dem Pilotprojekt des Kantons Basel-Stadt, das die Diskussion um die Schulsozialarbeit in der Region und damit auch den Ausbildungseinrichtungen angeregt hatte. Methodisch orientierte sich die Diplomarbeit an der Zürcher Untersuchung. Befragt wurden die Erziehungsdepartemente. Im Schneeballsystem kamen weitere Fachstellen hinzu. Zeitschriftenarchive wurden nach relevanten Hinweisen gesichtet. Definiert wurde ein Projekt als Schulsozialarbeit, wenn drei Bedingungen erfüllt waren: Die Verantwortlichen mussten ihre Tätigkeit selbst als Schulsozialarbeit bezeichnen, die verwendeten Methoden mussten aus der Sozialen Arbeit stammen und die Angebote mussten niederschwellig sein. Nur zwei Jahre nach der Zürcher Recherche kamen die Autorinnen bereits auf 16 Projekte an 34 Schulstandorten verteilt auf vier Kantone. Weitere Verantwortliche gaben in der Telefonumfrage an, ein Konzept der Schulsozialarbeit vorzubereiten.

Professionalisierung

Die Projekte in der Schweiz entstanden nahezu alle aus einer konkreten Notlage heraus, weshalb die Individualhilfe und damit Einzelfallberatung der wichtigste Tätigkeitsbereich ist (siehe Tabelle 9). Nur im Kanton Zürich wird die Schulsozialarbeit an Primarschulen realisiert. Sonst gilt der Grundsatz, dort auf externe Fachkräfte zurückzugreifen, wo die Problematik am vordringlichsten ist, also in den Sekundar-, Real- und Berufsschulen. Schulbehörden, politische Gemeinde, aber auch die Kirchgemeinden sind die häufigsten Trägerinnen der Schulsozialarbeit. In nur einem Fall ist ein freier Träger (Verein) für die Schulsozialarbeit verantwortlich - ein deutlicher Unterschied zu Deutschland: Im Bundesland Brandenburg etwa sind über 70 Prozent der Projekte in der Verantwortung freier Träger der Jugendhilfe, in Thüringen wurden sogar alle 44 Projekte an freie Träger übergeben. In der Schweiz waren die Behörden nicht bereit, Lösungsstrategien für die von ihnen festgestellten Problemsituationen an andere Institutionen zu delegieren, sondern verpflichteten sich selbst zu handeln. Eine Entscheidung mit vielen Vorteilen, wie wir noch diskutieren werden. Aber auch mit der Schwierigkeit, dass damit eine kritische Distanz zur eigenen Zielsetzung fehlt.

Tabelle 9: Schulsozialarbeit in der Deutschschweiz im Jahre 1999

Ort/ Kanton	Träger/ Finanzierung	Schulstufe	Schulhäuser	Schüler /innen	Lehrer/ innen	Stellenprozente	Geschlecht	Ausbildung	Angebote	seit Jahr
			Anzahl							
Oberwil BL	Gemeinde	Real- und Sekundarschulen	3	600	30	30 (2 Pers.)	w, m	Dipl. Sozialpädagoge/in	Einzelfallhilfe, Projektarbeit, Unterstützung der Lehrkräfte	1998
Liestal BL	Trägerverein für Jugendarbeit / Stadt Liestal	Oberstufe, Berufswahlklasse, Sekundarstufe	3	1690	162	50	m	Dipl. Sozialpädagoge	Einzelfallhilfe, Informationsgespräche für Lehrkräfte, Elternberatung	1998
Basel-Stadt	Justizdepartement	Weiterbildungsschule	6	2490	350	320 (4 Pers.)	w, m	Dipl. Sozialarbeiter/in, dipl. Jugendarbeiter	Einzelfallhilfe Unterstützung der Lehrkräfte, Gruppenarbeit	1997 (seit 1999 fest)
Wattwil SG	Ev.-Ref. Kirche und Berufsschule	Gewerbliche Berufsschule	1	1200	45	50	m	Dipl. Sozialarbeiter	Einzelfallhilfe Unterricht in Lebenskunde, Lehrkräfteberatung	1987 (seit 1998 fest)
Rorschach SG	Ev.-Ref. Kirche	Gewerbliche Berufsschule	1	1600	70	50	w	Soziokulturelle Animatorin	Einzelfallhilfe, Lehrkräfteberatung, Mitarbeit Unterricht	1998
Rorschach SG	Schulgemeinde	Realschule	1	152	18	20	w	Soziokulturelle Animatorin	Gruppenarbeit, Projektarbeit, Einzelfallhilfe	1999
St. Gallen SG	Katholische Kirche	Katholische Kantonssekundarschule	3	750	95	50	m	Dipl. Sozialarbeiter, Fam.berater	Einzelfallhilfe, Elternberatung, Gruppenarbeit	1988

Fortsetzung: Tabelle 9

Limmattal ZH	alle: Schul- und Sportdepartement, Sozialdepartement Glattal zusätzlich: Amt für Jugend- und Sozialhilfe	Unter- und Mittelstufe, Kindergarten, Kinderhorte	3 4 10	270 58 161	65 5 14	110 (2 Pers.)	m, w	Psychologin, Lehrerin, dipl. Erwachsenenbildner	Einzelfallhilfe, Lehrkräfteberatung, Gemeinwesenarbeit, Projektarbeit	1996
Waidberg ZH		Oberstufe	1	240	40	60	w	Sozialpädagogin	Einzelfallhilfe, Lehrkräfteberatung, Projektarbeit	1998
Schwamendingen ZH		Unter- und Mittelstufe, Kindergarten, Kinderhorte	1 6 3	285 100	30 6 8	50	w	Dipl. Sozialarbeiterin	Einzelfallhilfe, Lehrkräfteberatung, Gemeinwesenarbeit	1998
Glattal ZH		Unter- und Mittelstufe, Kindergarten, Tageshorte	1 5 3	190 160	13 11	50	m	Dipl. Sozialarbeiter	Lehrkräfteberatung, Einzelfallhilfe, Projektarbeit	1998
Dietlikon ZH	Schule Dietlikon	Primar und Oberstufe, Kindergarten	3 6	530 110	35 8	40	w	Lehrerin, dipl. Sozialbegleiterin	Einzelfallhilfe, Lehrkräfteberatung, Elternberatung	1996
Volketswil ZH	Schule, Politische Gemeinde, Jugendsekretariat	Oberstufe	1	430	40	75	m	Sozialarbeiter, Gewaltberater	Einzelfallhilfe, Unterstützung für Lehrer/innen, Projektarbeit	1998
Bülach ZH	Schule	Primarstufe, Kindergarten	1 1	220 50	23 3	50	m	Sozialpädagoge	Gemeinwesenarbeit, Gruppenarbeit, Elternarbeit	1988
Bülach ZH	Primarschule	Primarstufe, Kindergarten	1 7	350 100	26 7	50	w	Sozialpädagogin	Einzelfallhilfe, Einzelfallhilfe für Lehrer/innen, Elternberatung,	1998
Winterthur ZH	Reformierte Landeskirche und Schulamt	Oberstufe	1	390	34	80	m	Sozialarbeiter	Einzelfallhilfe, Elternberatung, Gruppenarbeit	1998

zusammengestellt aus: Christen/Pfeiffer (1999: 57ff.)

Vorbildlich waren die Projektträger bei der Formulierung des Anforderungsprofils. Im Gegensatz zu Deutschland, wo im letzten Kapitel von einer unprofessionellen Offensive gesprochen wurde, griffen die Projektverantwortlichen in der Deutschschweiz nur selten auf Personen ohne Ausbildung in der Sozialen Arbeit zurück. Schulsozialarbeit war nie das Versuchsfeld der Kooperation zwischen Schule und Jugendhilfe. Dort, wo sie realisiert wurde, stellte sie *das* Modell einer Zusammenarbeit dar. Entsprechend vielfältig waren die Aufgaben, die die Schulsozialarbeit zu bewältigen hatte. Felix Caduff, Jugendsekretär im Jugendsekretariat Zürich-Limmattal, zählt die Faktoren auf, die zur Einführung der Schulsozialarbeit im Schulkreis führte:

→ "Ein weit überdurchschnittlich hoher Anteil fremdsprachiger Kinder (77%, Stand September 1994) in der Schule im Vergleich zum Stadtmittel.
→ Eine hohe Mutationsrate in den Klassen während des Schuljahres.
→ Eine Heterogenität der Klassenzusammensetzungen (Sprache, Kultur, Bildungsniveau), die sowohl den Bildungsauftrag als auch die Betreuung stark einschränken.
→ Eine erschwerte Kommunikation zwischen Eltern, Schule und sozialen Institutionen, die sich primär auf Grund von kulturellen und bildungsmässigen Unterschieden herleiten lässt.
→ Beratungsmöglichkeiten, die in den sozialen Institutionen an ihre Grenzen stossen (1170 Kinder, d.h. 13% aller Kinder von 0 bis 19 im Schulkreis Limmattal sind im Jugendsekretariat Limmattal anhängig).
→ Besonderheiten in den Problembereichen: vermehrt Menschen aus anderen Kulturkreisen, bei denen herkömmliche Beratungsmethoden zu wenig greifen. Eine steigende Zahl unbetreuter Kinder ist feststellbar, der Grad sozialer Intervention verstärkt sich (Zunahme der gesetzlichen Fälle); Tendenzen zur zunehmenden Vernachlässigung, Verwahrlosung und Gewalt sind wahrnehmbar.
→ Ein relativ hoher Anteil von Kindern aus kriegsgeschädigten Ländern.
→ Ein sozial räumliches Umfeld, welches die Bewegungsfreiheit von Kindern stark einschränkt (Verkehr, fehlende Spielplätze, Drogenszene, Sexmilieu).
→ Eine fehlende soziale Integration, insbesondere im Quartier Langstrasse, welche für die Teilnahme am Quartierleben wenig förderlich ist. Einige Kennzahlen sind: ein überdurchschnittlich hoher Anteil der Einpersonenhaushalte (61%) und der ausländischen Bevölkerung (49,3%), die im Quartier nicht partizipieren will oder kann. Ferner eine sehr hohe Fluktuationsrate und Umzugswilligkeit, die etwas über die Beurteilung der Wohnumgebung aussagen." (Caduff 1996:19)

Felix Caduff macht deutlich, dass es ihm in erster Linie darum geht, die Jugendhilfe (und nicht die Schule) handlungsfähiger zu machen. Schulentwicklungsziele finden sich bei dem Jugendsekretär zu Recht nicht im Aufgabenkatalog der Schulsozialarbeit. Wie die vielfältigen Herausforderungen allerdings von den Schulsozialarbeiterinnen und Schulsozialarbeitern bewältigt werden sollten, dazu fehlten den verantwortlichen Personen oftmals die Informationen. Das ist eines der Mankos in der Geschichte der Schulsozialarbeit in der Schweiz. Aus den über 30-jährigen Erfahrungen anderer Länder, insbesondere Deutschland, hat die Schweiz kaum profitiert. Konzepte - auch heute noch - resultieren weniger aus schulsozialarbeiterischem Fachwissen als vielmehr aus Ideensammlungen, was denn Schulsozialarbeit alles zu leisten im Stande sein sollte. Zudem werden die in den Projekten gesammelten Erfahrungen selten wissenschaftlich aufbereitet. Evaluationen werden von Schulsozialarbeiterinnen und Schulsozialarbeitern oder Auftraggeberinnen und Auftraggebern selbst erstellt oder durch Erfahrungsberichte ersetzt. Bis heute liegen nur für drei Projekte Evaluationen vor, die wissenschaftlichen Standards genügen: Zürich (evaluiert durch das Büro Landert, Farago, Davatz und Partner, siehe Landert 1999), Volketswil (evaluiert durch die Hochschule für Soziale Arbeit Luzern, siehe Müller 2000) und Basel (evaluiert durch die Fachhochschule für Soziale Arbeit beider Basel, siehe Drilling/Stäger 2000a und b). Lediglich die Ergebnisse aus Basel sind publiziert. Damit ist der Erfahrungsaustausch in der Schweiz stark eingeschränkt. Zu diesem Informationsdefizit hat sicherlich auch die Tatsache geführt, dass nur wenige Schweizer Universitäten und Fachhochschulen bis vor kurzem dem Thema Schulsozialarbeit einen Ausbildungsteil widmeten. Die verantwortlichen Personen in den Städten und Gemeinden wussten also gar nicht, an wen sie sich für eine fachliche Begleitung hätten wenden können.

Entsprechend umfangreich sind die Pflichtenhefte. In Basel beispielsweise sollten vier Schulsozialarbeiter rund 2500 Schülerinnen und Schüler mit knapp 350 Lehrkräften, verteilt auf sechs Standorte, mit insgesamt 225 Stellenprozenten betreuen. In Gemeinden werden für vier Schulstandorte der Sekundar- und Realschule 50 Stellenprozent geschaffen. Zudem wird nicht auf eine Konzentration der Aufgaben hingearbeitet, sondern alles ins Pflichtenheft der Schulsozialarbeit aufgenommen, was potentielle Aufgabe sein könnte. In Basel etwa hatte die Schulsozialarbeit Aufgaben, die von der Individualhilfe über die soziale Gruppenarbeit, die Bildung von Spielgruppen und Elterngruppen bis hin zur Pausengestaltung reichten (Tabelle 10). Schon nach wenigen Monaten war das Projekt überlastet. Bei den Schulsozialarbeiterinnen und Schulsozialarbeitern entstand das Gefühl, nur einen Teil ihrer Aufgaben tatsächlich auch zu erledigen.

Tabelle 10: Aufgaben der Schulsozialarbeit in Basel

Aufgaben im Ausgangskonzept (1997)	Aufgaben seit Projektende (1999)
Ansprechpartner/in für Schülerinnen/Schüler, Lehrkräfte und Eltern	Beratung von Jugendlichen, Eltern, Lehrer/innen und weiteren Personen und Institutionen im sozialen Umfeld sowie soziale Gruppenarbeit mit Jugendlichen hinsichtlich der Sozialisation und Integration der Jugendlichen nach den Prinzipien und Methoden der Sozialarbeit
Unterstützung der Interaktionen Lehrer-Schüler/Schüler-Schüler	Schnittstellenarbeit mit Institutionen innerhalb der Schule (Lehrkräfte, Schulhausleitungen und Rektorat), mit Institutionen ausserhalb der Schule (Schulpsychologischer Dienst, Schulärztlicher Dienst) und mit der behördlichen Jugendhilfe
Gemeinsame Pausenaufsicht und Pausengestaltung	Übernahme einer Verantwortung für das Einschlagen des korrekten Weges im Falle von Gefährdungssituationen von Jugendlichen
Teilnahme an Fallbesprechungen im Schulhaus	
Individualhilfen für sozial auffällige Schülerinnen und Schüler nach den Prinzipien und Methoden der Sozialarbeit	
Beratung von Eltern gefährdeter Schülerinnen und Schüler	
Bildung von Spielgruppen und Elterngruppen	
Mitwirkung bei der Elternarbeit und bei der Gestaltung von Elternabenden	
Mitwirkung bei der Lösung von Konflikten im Schulhaus und bei der Einleitung von Massnahmen zur Verbesserung des Schulklimas (Prävention)	
Mithilfe bei der Durchführung von Ausflügen, Klassenlagern und Veranstaltungen	
Zusammenarbeit mit dem Schulpsychologischen Dienst, der Abt. Kindes- und Jugendschutz des Jugendamtes, der Abt. Schule + Freizeit, Ressort Dienste/ED	

Mit der Etablierung der Schulsozialarbeit in Basel als Abteilung der Vormundschaftsbehörde im Jahre 1999 ging die Konzentration auf die Kerngruppe "gefährdete Schülerinnen und Schüler" einher. Die hohe Zahl der Jugendlichen mit sozialisationsrelevanten Defiziten, die von den Schulen an die behördliche Jugendhilfe verwiesen wurden, war von Anbeginn der Grund für die Kooperation. Ihnen sollte frühzeitig Hilfestellungen angeboten werden. Nicht um sie schultauglicher zu machen, sondern um sie bei der Bewältigung ihrer definierten Entwicklungsaufgaben zu unterstützen. Und dazu muss die Schulsozialarbeit weder Pausen gestalten oder beaufsichtigen noch Spielgruppen initiieren.

Zu Beginn des neuen Jahrtausends hat sich die Situation in der Schule erneut geändert. Die Zahl der Schulsozialarbeitsprojekte ist auf nahezu 50 angewachsen.

Städte wie Luzern, St. Gallen, Basel oder Zürich haben Projekte realisiert oder weiten ihre Dienstleistungen aus. Die Zahl der Gemeinden, die Stellen schaffen, ist kaum noch zu überschauen. Die Schulsozialarbeiterinnen und Schulsozialarbeiter selbst beginnen sich zu organisieren und über die Gründung eines Berufsverbands nachzudenken. Die Fachhochschulen für Soziale Arbeit gründen ein Netzwerk Schulsozialarbeit Deutschschweiz und reichen beim Schweizerischen Nationalfonds Forschungsgesuche ein. Diplomarbeiten an den Fachhochschulen widmen sich spezifischen Themen aus Sicht der Schulsozialarbeit (z.B. Gewaltprävention, geschlechterspezifische Methoden). Mit www.schulsozialarbeit.ch entsteht eine Internetsite zur Vernetzung und Informationsbündelung in der Schweiz. Die verantwortlichen Personen in den Städten und Gemeinden suchen den Kontakt zu wissenschaftlicher Beratung und Begleitung beim Aufbau der Projekte. Mit diesem dynamischen Aufschwung einher gehen auch wertvolle Erkenntnisse, die eine Professionalisierung des Berufsfeldes Schulsozialarbeit ermöglichen.

Lehrkräfte

Die Kooperation mit den Lehrkräften hat hohe Bedeutung für den Erfolg der Schulsozialarbeit. Grundsätzlich sind Fragen nach Chancen und Grenzen in der Zusammenarbeit, nach Tätigkeitsfeldern und nach der Methodenwahl. Die Evaluationen aus Zürich, Basel und Volketswil bereichern die Diskussion. So erhält die Professionalisierungsdebatte aus Zürich klare Impulse. In einem Schulhaus wurde die Schulsozialarbeit aufgegeben, in einem anderen auf die Primarschule verlegt. Die Stelleninhaberin hatte ihre Ausbildung erst jüngst abgeschlossen und noch wenig berufliche Erfahrung gesammelt. Eine Schulsozialarbeiterin war Lehrerin, hatte dann Psychologie studiert und arbeitet während vieler Jahre mit delinquenten Jugendlichen. Ein anderer Schulsozialarbeiter hatte mehrjährige Erfahrung im Aufbau von Quartiereinrichtungen. Die Zusammenarbeit mit den Lehrkräften war besonders dort erfolgreich, wo die Schulsozialarbeit ein Profil entwickeln konnte. In Basel konnte das Team der Schulsozialarbeit durch eine verwaltungsinterne Umbesetzung gebildet werden. Als im Jahr 1997 die Notschlafstelle für Jugendliche geschlossen wurde, erhielt ein Teil des Teams das Angebot, schulsozialarbeiterische Aufgaben zu übernehmen. Diese bereits strukturierte Teamkonstellation machte die Effizienz des Pilotprojektes erst möglich.

Die Zusammenarbeit mit den Lehrkräften ist einer der Schlüssel für den Erfolg der Schulsozialarbeit - das zeigt sich auch in der Schweiz. Die notwendige Akzeptanz zu erreichen ist keinesfalls einfach. Lehrkräfte äusserten in Zürich - unabhängig vom Professionalisierungsgrad der Schulsozialarbeit - ein "ungutes" Gefühl oder ein "leichtes Befremden", als die Fachpersonen in ihre Schulhäuser kamen. Insbesondere dort, wo schnell mit rezeptartigen Vorschlägen Schulsozialarbeit betrieben wurde, oder dort, wo keine schnellen Ergebnisse vorgewiesen werden konnten, wuchs die Skepsis. In Basel stellte sich im Verlauf dreier Jahre eine Polarisierung der Lehrkräfte heraus. Heute gibt es Klassen, in denen die Schulsozialarbeit mit praktisch allen Schülerinnen und Schülern bereits einmal gearbeitet hat. Demgegenüber stehen Klassen, in denen die Schulsozialarbeit mit kaum einem Jugendlichen in Kontakt steht. Dies verdeutlicht die "Türöffnerfunktion" der Lehrkräfte bei der Anbahnung von Kontakten.

Weder in Zürich noch in Basel oder Volketswil versuchten die Lehrkräfte, die Schulsozialarbeit mit Hilfsfunktionen zu beauftragen. Das ist bemerkenswert und steht Aussagen aus Deutschland entgegen. Es zeigte sich auch nicht, dass Zusammenarbeit mit der Schulsozialarbeit mit dem Alter der Lehrkräfte zusammenhängt. Vielmehr gilt, dass die Zusammenarbeit mit den Fachpersonen der Jugendhilfe mit dem Umfang des Pensums einer Lehrkraft zunimmt. (Drilling/Stäger 2000b:81). In Zürich fiel die Schulsozialarbeit dort auf einen kooperationswilligen Nährboden, wo sie eine hohe Präsenz im Schulhaus zeigte. Dies bestätigte sich auch in Basel. Bereits nach einem Jahr arbeitete die Schulsozialarbeit, die täglich erreichbar war, mit über 60 Prozent der Lehrkräfte regelmässig oder gelegentlich zusammen. Einzelfallhilfe, Elternarbeit und Unterstützung bei Konflikten in der Klasse waren die wichtigsten Gründe, die zur Kooperation führten. Die Mitarbeit im Unterricht dagegen wurde nur von einem kleinen Teil der Lehrkräfte in Anspruch genommen. (Drilling/Stäger 2000b:82) Durch die tägliche Anwesenheit wurde die Schulsozialarbeit zu *der* Fachstelle für den Erstkontakt, wie die Lehrkräftebefragung belegt (Tabelle 11). Gefragt wurde nach den wichtigsten Ansprechpartnerinnen bzw. den wichtigsten Ansprechpartnern bei Fragen betreffend schwierigen Schülerinnen und Schülern. Bei rund der Hälfte der Lehrkräfte rangiert die Schulsozialarbeit auf Platz drei, noch vor Fachstellen wie dem Schulpsychologischen Dienst oder der Elternvertretung. Noch positiver fällt die Beurteilung aus, wenn wir die Antworten in Abhängigkeit bisheriger Erfahrungen der Lehrkräfte mit der Schulsozialarbeit auswerten: Hier zeigt sich, dass bei Lehrkräften, die bereits regelmässig mit der Schulsozialarbeit zusammenarbeiten, diese zur wichtigsten Ansprechpartnerin bei Problemen mit schwierigen Schülerinnen und Schülern geworden ist. Dagegen favorisieren Lehrkräfte, die bisher noch keine Zusammenarbeit mit der Schulsozialarbeit gesucht hatten, die Schulsozialarbeit als Ansprechpartnerin bei Problemen mit schwierigen Schülerinnen und Schülern keineswegs: Nur drei der 17 Lehrkräfte würden auf die Schulsozialarbeit zurückgreifen.

Tabelle 11: Die wichtigsten Ansprechpartner/innen für Lehrkräfte bei Fragen betreffend schwierigen Schülerinnen und Schüler

Frage: Wen würden Sie bei Problemen mit schwierigen Schüler/innen am ehesten um Hilfeleistungen bitten (bitte die drei wichtigsten Ansprechpartner/innen ankreuzen)	Häufigkeit relativ in %	
	alle Lehrkräfte (n=128)	Lehrkräfte, die regelmässig mit der Schulsozialarbeit zusammenarbeiten (n=21)
Eltern der betreffenden Kinder	65	57
Stammgruppe Lehrkräfte	64	71
Schulsozialarbeiter/innen	48	90
Schulhausleitung	43	33
Andere Lehrer/in	41	29
Schulpsychologischer Dienst	17	14
Elternvertreter	5	5
Externe Fachstelle	2	0

aus Drilling/Stäger 2000b:84f.

Lehrkräfte sind Ratsuchende und Informationsträger ("resource persons"). Lehrkräfte wenden sich mit konkreten Anliegen an die Schulsozialarbeit. Sei es, um ein Elterngespräch vorzubereiten, an Lösungen zur Konfliktbearbeitung in einer Klasse zu arbeiten oder ihren Umgang mit Schülerinnen und Schülern zu reflektieren.

Engagierte Lehrkräfte bezeichnen sich zu Recht als Seismographen: Täglich sitzen sie ihren Schülerinnen und Schülern gegenüber und spüren, wo ein Gespräch über das Thema Schule hinaus sinnvoll wäre - auch wenn sie es aus verschiedenen Gründen dann nicht realisieren (können). Lehrkräfte werden so zu einem wichtigen Bestandteil eines Frühwarnsystems, auf das die Schulsozialarbeit für ihre Funktionsfähigkeit angewiesen ist. Erst wenn sich Lehrkräfte Sorgen um eine Schülerin oder einen Schüler machen, ist der Zugang zu diesen gesichert, kann an einer gemeinsamen Lösung gearbeitet werden. Interdisziplinäre Ausrichtung, Methodenkompetenz und eine Profilbildung werden zu Herausforderungen an die Jugendhilfe in der Zusammenarbeit mit den Lehrkräften.

Tabelle 12: Ergebnisse der Lehrkräftebefragung in Basel

→ Schulsozialarbeit ist eine weitgehend eigenständig agierende Institution mit grossem Problembewusstsein und hoher Sachkompetenz, die zielgruppenorientiert Beratungs- und Interventionsleistungen anbietet sowie massgeblich zur Verbesserung des Schulhausklimas beiträgt. Schulsozialarbeit wird von den Lehrkräften nicht als Konkurrenz um Anerkennung bei den Schülerinnen und Schülern angesehen (Wahrnehmung der Schulsozialarbeit durch die Lehrkräfte).

→ Die Angebote der Schulsozialarbeit werden bereits nach nur einem Schulhalbjahr von über 50 Prozent der an der Umfrage teilnehmenden Lehrkräfte (und immerhin rund einem Drittel aller an der Weiterbildungsschule tätigen Lehrkräfte) genutzt. Mehr als die Hälfte dieser Lehrkräfte nahm eine Beratungsleistung durch die Schulsozialarbeit in Anspruch.

→ Bereits nach nur einem Schulhalbjahr zählt die Schulsozialarbeit für die Lehrkräfte zu den drei wichtigsten Ansprechpartnerinnen und Ansprechpartnern, wenn es um Probleme mit schwierigen Schülerinnen und Schülern geht.

→ Krisenintervention, Abklären von Gefährdungsmeldungen und Elternarbeit sind diejenigen Bereiche, in denen sich die Lehrkräfte prinzipiell eine Zusammenarbeit mit der Schulsozialarbeit vorstellen können.

→ Schulsozialarbeit soll in erster Linie ein Angebot für Schülerinnen und Schüler sein. Beratung, Begleitung und Hilfe für die Jugendlichen in ausserschulischen Angelegenheiten sollen ebenso im Vordergrund stehen wie die Hilfsangebote bei schulischen Schwierigkeiten.

→ Je höher der Beschäftigungsgrad einer Lehrkraft, um so intensiver ist die Zusammenarbeit mit der Schulsozialarbeit.

→ Lehrkräfte, die nicht mit der Schulsozialarbeit zusammenarbeiten, haben die Vorstellung, dass sich die Gespräche nicht lohnen und der Beitrag der Schulsozialarbeit zur Verbesserung des Schulhausklimas unbedeutend sei.

→ Wer die Zusammenarbeit mit der Schulsozialarbeit ablehnt, begründet dies damit, die Probleme in der Klasse selbst lösen zu wollen.

→ Von der Schulsozialarbeit wird erwartet, dass sie an einem Schulstandort über die ganze Woche hinweg präsent und maximal abrufbar ist.

aus: Drilling/Stäger (2000b:89).

Schülerinnen und Schüler

In der Evaluation der Schulsozialarbeit im deutschen Bundesland Thüringen wurde festgestellt, dass die Zahl der Schülerinnen und Schüler, die die Schulsozialarbeit aufsuchten, eher gering war. (Olk et al. 2000) Dagegen hielten die Autorinnen und Autoren fest, dass dort, wo eine Beziehung aufgebaut werden konnte, sich diese durch ihre Intensität auszeichnete.

Die schweizerischen Untersuchungen zeigen ein etwas anderes Bild. Da zumeist die Schulsozialarbeit dort eingeführt wurde, wo bereits konkrete Probleme bestanden (z.B. Gewalt im Schulhaus, grosse Zahl der Gefährdungsmeldungen an die behördliche Jugendhilfe), waren die Fachpersonen der Sozialen Arbeit von Beginn an auf die Zielgruppe "gefährdete Schülerinnen und Schüler" ausgerichtet. So stellte eine Vorstudie in Reinach BL fest, dass Lehrkräfte der Sekundar- und Realschule bei drei bis vier Schülerinnen und Schülern pro Klasse psychosoziale Belastungen vermuteten. Zu ähnlichen Ergebnissen kommt eine Abklärung zur Schulsozialarbeit in Wetzikon bei Zürich. (Obrist et al. 2000:50ff.) Die Autorinnen hatten die Schülerinnen und Schüler nach ihrem Wohlbefinden gefragt. Fast jede sechste Schülerin bzw. jeder sechste Schüler gab an, Probleme zu Hause zu haben und diesen Problemdruck mit in die Schule zu bringen. Brigitte Obrist und ihre Kolleginnen weisen darauf hin, dass diese Zahl weitaus grösser ist, als die Lehrkräfte vermuteten. In der Stadt St. Gallen ist die Konzentration der Schulsozialarbeit auf spezielle Schülerinnen und Schüler mit dem Mord an einem Lehrer im Jahre 1999 verbunden. Nachdem dieser während eines Elterngesprächs vom Vater einer Schülerin erschossen wurde, brauchte die städtische Verwaltung nur wenige Monate, um die Schulsozialarbeit in allen Realschulhäusern der Stadt einzuführen. Laut Stellenbeschreibung haben die Fachkräfte nun die Aufgabe, Schülerinnen und Schüler zu beraten bei Verwahrlosung, Aggression, Passivität und Verweigerung, Suchtproblemen, Familienproblemen, Identitätskrisen, Kriminalität/Delikten, Clanbildung und Aussenseiterrolle. Es soll an anderer Stelle noch über den Sinn eines solchermassen defizitorientierten Arbeitsauftrags diskutiert werden.

Mit der Zielgruppenfixierung hängen die Tätigkeitsbereiche der Schulsozialarbeit zusammen. In Volketswil nimmt die Beratung im Einzelfall rund ein Drittel der Arbeitszeit des Schulsozialarbeiters ein. (Müller 2000:15) Die Teilnahme an Schulhausanlässen, die Mitwirkung an Generalthemen sowie die Koordination und Vernetzung der Schulsozialarbeit mit anderen Helferdiensten fallen auf die anderen zwei Drittel der Arbeitszeit. In Basel hatte die Einzelfallhilfe in den ersten beiden Projektjahren die dominierende Stellung innerhalb der schulsozialarbeiterischen Tätigkeit. Rund drei Stunden pro Tag trafen die Schulsozialarbeiterin und ihre

Kollegen mit Schülerinnen und Schülern, Lehrkräften oder Eltern zusammen. Damit war Basel während der Projektzeit ein Idealtypus für das Studium über die Wirkung von Dienstleistungen der klassischen Jugendhilfeleistungen in der Schule. Bei den Jugendlichen standen soziale oder persönliche Probleme im Vordergrund der Gespräche, bei den Kontaktgesprächen mit Lehrkräften ging es zumeist um die Klärung von Angeboten und Absprachen der Zusammenarbeit bei sozial auffälligen Schülerinnen und Schülern oder um Konflikte zwischen Gruppen in der Klasse. Auffällig ist, wie wenig die Eltern die Schulsozialarbeit im Beratungsgespräch genutzt haben. Lediglich 109-mal haben Eltern oder Elternteile mit der Schulsozialarbeit in einem Gespräch gestanden.

Tabelle 13:
Beratungs- und Kontaktgespräche der Schulsozialarbeit 1998-1999

	Einzelsumme	Gesamtsumme	Anzahl pro Tag
Anzahl formelle Gespräche: Einzelgespräch			
Schüler	434		
Schülerin	436	870	
Lehrer	349		
Lehrerin	338	687	
Eltern	109	109	
Davon telefonisch	56		
		1666	2.7
Anzahl formelle Gespräche: Gruppengespräch			
Schülergruppe	47		
Schülerinnengruppe	54	101	
Lehrergruppe	23		
Lehrerinnengruppe	12	35	
Elterngruppe	3	3	
Gemischte Gruppe	43	43	
		182	0.3

aus: Drilling/Stäger (2000b:54)

Wie eng Schulkarrieren mit Sozialkarrieren verknüpft sind, zeigen zahlreiche Befragungen von Schülerinnen und Schülern zum Thema psychosoziale Belastungen. Dabei wurde deutlich, dass schwierige persönliche Situationen oft im schulischen Raum zum Ausdruck kamen. Einen Einblick, welche Probleme Schülerinnen und Schüler zu bewältigen haben, geben die Aufzeichnungen aus dem Pilotprojekt in Basel. Um zu einer allgemein anwendbaren Systematik zu gelangen, wurden alle Erstberatungsgespräche mit ihren Themen erfasst. Diese offene Liste von Themen wurde in der Folge zu Dimensionen und Problembereichen zusammengefasst (Tabelle 14). Danach bilden Schule, Familie, sozialer Nahraum und das Individuum im engeren Sinn die Problembereiche. Innerhalb dieser finden sich einzelne Dimensionen. In der schulsozialarbeiterischen Beratung sind dies die Gründe, warum eine Schülerin oder ein Schüler mit der Schulsozialarbeit in Kontakt tritt. Keinesfalls sind diese identisch mit den Beratungsthemen, denn oftmals ist der eigentliche Grund des Besuchs ein anderer.

Tabelle 14: Problembereiche und ihre Dimensionen in der Erstberatung der Schulsozialarbeit

Problembereich	Beispiele für Dimensionen
Schule	Gewalt (körperlich, sexuell, physisch, verbal), Vandalismus, Diebstahl, Konflikte (mit Lehrkraft oder Schüler/in), Unterrichtsstörung, Leistungsversagen, Absenzen
Familie	Gewalt (körperlich, sexuell, physisch, verbal), Konflikte (mit Eltern oder Geschwistern), soziale Kontrolle der Eltern, Integrationsprobleme, Scheidungsproblematik, weglaufen
Sozialer Nahraum	Gewalt (körperlich, sexuell, physisch, verbal), Konflikte (mit Freund/in oder Peer Group), Trennung von Freund/in, soziale Kontrolle durch Verwandte
Persönlichkeit i.e.S.	Berufliche Zukunft, Drogen-/Alkoholkonsum, Magersucht/ Bulimie, Sexualität, Schwangerschaft, Selbstverletzung, finanzielle Sorgen, drohende Abschiebung, Heimeinweisung /-abklärung, Instabilität (psychosozial/psychosomatisch)

Welche Problembereiche in den Beratungen der Schulsozialarbeit angesprochen werden, hängt in vielen Fällen mit dem Geschlecht zusammen (Tabelle 15 zeigt ausgewählte Themen der Erstberatung; der Unterschied zwischen den Geschlechtern ist mit einem Stern als statistisch signifikant gekennzeichnet, wobei gilt: je mehr Sterne, umso enger ist der Zusammenhang). Schülerinnen thematisieren häufiger als Schüler Probleme mit ihrer Gesundheit, Gewalterfahrungen in der Familie und familiäre Probleme allgemein. Schüler führt der Weg eher als Schülerinnen auf Grund ihrer schulischen Verhaltensweisen oder schulischen Defizite zur

Schulsozialarbeit. Einziges nicht-schulisches Thema, das einen hohen Stellenwert bei den Schülern hat, ist die Frage, was sie nach dem Ende der obligatorischen Schulzeit planen (z.B. Lehrstellensuche). An dieser Stelle drängt sich die These auf, dass Schülerinnen rascher als Schüler bereit sind, Sorgen und Nöte in ihren ursprünglichen Verursachungszusammenhängen zu sehen und damit die Familie oder den sozialen Nahraum zu thematisieren.

Tabelle 15: Problembereiche und Dimensionen beim Erstkontakt der Schulsozialarbeit in Basel nach Geschlecht

Problembereich/ Dimensionen	Beispiele	Anzahl	
		Jungen	Mädchen
Problembereich Schule			
Schulleistungen	Leistungsanspruch der Schule	32*	20
Physische Gewalt in der Schule	Mobbing, Bedrohung, Erpressung	33	23
Körperliche Gewalt in der Schule	Schlägerei auf dem Pausenhof	9	8
Sachbeschädigung in der Schule	Zerschlagen einer Scheibe	4*	0
Konflikte in der Schule mit Schüler/in oder Lehrkraft	Problem mit Mitschüler/in, Stress mit Lehrer	10	11
Sozialverhalten eines Schülers/einer Schülerin	Verhalten in der Klasse, schwierige Schüler/in	23**	5
Problembereiche Familie und Sozialer Nahraum			
Gewalt in der Familie oder im sozialen Nahraum	Gewalt in Familie, sexuelle Übergriffe von Verwandten, gewalttätiger Vater	7	21*
Konflikte mit Freund/Freundin	Meinungsverschiedenheiten, Trennung, Stress allgemein	2	9*
Konflikte in der Familie	Ärger mit Eltern, Streit um Finanzen	8	33***
Problembereich Persönlichkeit i.e.S.			
Gesundheitliche Probleme	Magersucht, Essstörungen	2	16**
Drogenkonsum	Drogen, Alkohol, Rauchen	8	6
Selbstverletzung	Suizidversuch, sich schneiden	0	7**
Berufliche Zukunft	Suche nach Lehrstelle, Bewerbungsmodalitäten	21	15

Eltern

Es ist bemerkenswert, dass von Seiten der Schule, aber auch der Jugendhilfe immer wieder darauf hingewiesen wird, dass das Kinder- und Jugendalter wesentlich von den drei Bereichen Schule - Familie - Jugendhilfe geprägt wird. Die Wissenschaft spricht in diesem Zusammenhang von *den* drei Sozialisationsinstanzen. Um so mehr wundert, dass viel über die Kooperation zwischen Schule und Jugendhilfe nachgedacht wird, wesentlich weniger dagegen über die Zusammenarbeit zwischen Jugendhilfe und Eltern - und das, obwohl sich in praktisch allen Pflichtenheften der Schulsozialarbeit die Elternarbeit als Zielsetzung findet. So liegen für die Schweiz bis heute keine den Schülerinnen- und Schüler- oder Lehrkräftebefragungen vergleichbaren Untersuchungen für die Zielgruppe Eltern vor. Die Evaluation in Basel hat gezeigt, dass Eltern immer dann in den Beratungsprozess ihres Kindes einbezogen werden, wenn sie als Handelnde problematisiert werden. In den Projektevaluationen von Zürich und Volketswil kommt die Elternarbeit gar nicht zur Sprache. Eine aktive Elternarbeit, die frühzeitig Angebote an Eltern oder Bezugspersonen richtet, liegt noch in weiter Ferne. Dieses Defizit betrifft nicht nur die Schulsozialarbeit. Auch die Schule selbst verfügt kaum über generalisierbare Konzepte, was unter Elternarbeit jenseits der Elterngespräche zu verstehen ist.

Deshalb schlagen wir nochmals die Brücke nach Deutschland: Franz Prüss und seine Kollegen haben wohl eine der umfangreichsten Befragungen von Eltern im Zusammenhang mit der Schulsozialarbeit durchgeführt. Nüchtern konstatieren sie eine starke Ausprägung der Leistungs- und Notenorientierung seitens der Eltern: "Über zwei Drittel der SchülerInnen sagen, dass ihre Eltern nur an guten Noten bzw. am erreichten Schulabschluss interessiert sind." (Prüss et al. 2000:57) Zudem gaben rund zehn Prozent der Schülerinnen und Schüler an, mit elterlichen Sanktionen bei schlechten schulischen Leistungen konfrontiert zu sein. Bis zu einem Drittel der Schülerinnen und Schüler gab eine eher eingeschränkte emotionale und motivationale Unterstützung aus der Familie an. Fast jede fünfte Schülerin bzw. jeder fünfte Schüler empfand keine hilfreiche Beziehung zu den Eltern, da sie die Erfahrungen machten, dass ihre Eltern sich selten oder nie Zeit für sie nahmen, selbst dann nicht, wenn sie unterstützend gebraucht wurden. (Prüss et al. 2000:101)

Gerade weil viele Eltern für ihre Kinder keine Unterstützung bieten (können), kommt einer Elternarbeit im Rahmen der schulsozialarbeiterischen Tätigkeit besondere Bedeutung zu. Mögliche Themenfelder ergeben sich aus der jeweiligen Schulstufe und den individuellen Bedürfnissen vor Ort. Beispielhaft sei nochmals auf die Untersuchung im Bundesland Mecklenburg-Vorpommern verwiesen. Dort wurden die Eltern gefragt, in welchen Bereichen sie sich eine Unterstützung ihrer Kinder selbst zutrauen würden und in welchen Bereichen nicht. Die Autoren stellen fest, dass sich Eltern bei Problemen mit der konkreten Wissensvermittlung in der Schule kaum als unterstützend für ihre Kinder sehen. Bei schulischen Lern- und Leistungsproblemen wüsste ein beachtlicher Teil der Eltern zudem *nicht*, bei wem sie Hilfe oder Unterstützung erhalten könnten. Sie würden Geschwister, Freunde und Verwandte fragen. Bei Problemen in der Schüler-Schüler-Beziehung wünschen sich Eltern Hilfe insbesondere von der Klassenlehrkaft. Hätten ihre Kinder Probleme und Konflikte mit einer Lehrkraft, würden dies die Eltern selbst regeln. Professionelle Hilfe erwarten Eltern erst bei Alkohol- und Drogenproblemen. Bei psychischen Belastungen würde ein grosser Teil der Eltern dagegen ihre Kinder alleine beraten und ermutigen, nur rund 20 Prozent der Eltern wünschten sich auch hier Hilfe von anderen Personen. Mit rund einem Drittel aller Eltern erwartet ein grosser Anteil Unterstützung, wenn das Kind Probleme mit der Bewerbung für eine Lehrstelle hat.

Bei der Frage, wer denn die Hilfeleistungen bieten könnte, kommt für die Eltern den Lehrkräften die überragende Rolle zu. Von den Klassenlehrerinnen und Klassenlehrern erwarten die Eltern in der überwiegenden Zahl der Problembereiche Unterstützung. Zu ähnlichen Ergebnissen kam bereits Heinz Günter Holtappels bei einer Schülerinnen-/Schülerbefragung im Jahre 1986. Er hatte festgestellt, dass Schülerinnen und Schüler eigentlich nur bei "grösseren Schwierigkeiten zu Hause" die Schulsozialarbeit aufsuchen würden. Sonst hätten sie in den Lehrkräften ihre Ansprechpersonen. (Holtappels 1986:59) Diese Ergebnisse widersprechen denjenigen, die besagen, die Schulsozialarbeiterinnen und Schulsozialarbeiter eigneten sich für die Bearbeitung von persönlichen und sozialen Problemen besser als die Lehrkräfte. Für Eltern und zu einem Teil auch die Schülerinnen und Schüler ist keineswegs naturgegeben, dass die Schulsozialarbeit die neutrale Anlaufstelle ist und die Lehrkräfte nur auf einen reibungslosen Betrieb des Unterrichtens Wert legten.

Der Schule wird also beim Aufwachsen der Kinder und Jugendlichen besonders von Seiten der Eltern eine Mitverantwortung übertragen. Wenn Charles Landert in seiner Evaluation der Schulsozialarbeit in Zürich darauf hinweist, dass die Zusammenarbeit zwischen Schule und Schulsozialarbeit dort am gewinnbringendsten ist, wo die Schulsozialarbeit nicht mit Rezepten oder Besserwisserei auftritt, dann gilt dies für die Zusammenarbeit zwischen Schule und Eltern ebenfalls. Dann kann aber die Kooperation nicht auf Elternabende reduziert werden, vielmehr müssen sich die Lehrkräfte aktiv um die Mitarbeit der Eltern bemühen.

Leistungsanforderungen der Schule, Mitgestaltung des Schulalltags, Disziplinprobleme in der Schule oder die Erwartungen an die Familie gehören zu den Themen, die zwischen der Schule und den Eltern zu klären sind (Tabelle 16). Dies sind auch Themen, die sich ganz oben auf der Prioritätenliste in den Gesprächen zwischen Schulsozialarbeit und Schülerinnen und Schülern wiederfinden. Und das macht die Notwendigkeit einer gemeinsamen Sichtweise und vernetzten Vorgehensweise zwischen Schulsozialarbeit, Schule *und* Eltern deutlich.

Tabelle 16: Elternbefragung: Das Verhältnis der Lehrkräfte zu den Eltern

Der Aussage stimme ich ...	voll zu	eher zu	eher nicht zu	überhaupt nicht zu
(Anzahl Antwortende: ca. 1020 Eltern)	alle Angaben in Prozent			
Kontakte zwischen Eltern und Lehrern gibt es nur auf Elternabenden oder bei Elternbesprechungen	46.3	27.6	20.0	6.1
Die Lehrer sind sehr bemüht darum, Eltern für die Mitgestaltung des Schulalltags zu gewinnen	14.2	42.5	33.7	9.6
Bei den schulischen Leistungsanforderungen sind Lehrer und Eltern oft unterschiedlicher Meinung	14.1	41.1	38.2	6.5
Bei Disziplinproblemen von Schülern schieben sich Eltern und Lehrer gegenseitig die Schuld zu	12.1	22.6	43.2	22.1
Lehrer akzeptieren die Sichtweise der Eltern und sind daran interessiert, diese in den Schulalltag einzubeziehen	10.1	43.4	36.7	9.9
Die Lehrer haben zu hohe Erwartungen an die familiale Begleitung und Unterstützung des schulischen Lernens	8.8	27.8	50.6	12.8
Lehrer interessiert nicht, welche Erwartungen Eltern an die Schule haben	7.5	20.2	46.8	25.5
Lehrer geben Eltern das Gefühl, dass sie in der Schule nur Laien sind und dort nicht mitreden dürfen	7.5	18.3	46.7	27.5
Die Lehrer haben ihre Meinung zu den Kindern und Jugendlichen und sind am Standpunkt der Eltern nicht interessiert	5.9	19.4	45.6	29.1

aus: Prüss et al. (2000:127) - leicht geändert

Ein integrationsorientiertes Konzept von Schulsozialarbeit

In den vorangehenden Kapiteln war viel von unterschiedlichen Vorstellungen zur Schulsozialarbeit die Rede. Grundpositionen wie "Sozialarbeit in der Schule", "Sozialpädagogik in der Schule" oder "sozialpädagogische Schule" haben verdeutlicht, dass sich Schule und Soziale Arbeit auf verschiedenen Wegen aufmachen, um Kindern und Jugendlichen während des Erwachsenwerdens Orientierungen anzubieten. Oftmals ist ein gemeinsamer Weg nur mühsam gefunden worden, wurden die Fachpersonen aus der Sozialen Arbeit über Anstellungs- oder Unterstellungsbedingungen zu Hilfslehrkräften degradiert. Vielfach waren auch die Schulsozialarbeiterinnen und -arbeiter nicht bereit, ihre kritische Distanz zur Schule zu reflektieren und den gemeinsamen Weg zu suchen.

In diesem Kapitel soll nicht das Trennende von Schule und Sozialer Arbeit im Vordergrund stehen. Nicht die Kooperations- und Trägerschaftsmodelle und die Schwierigkeiten ihrer Umsetzung sollen thematisiert werden. Und es soll auch nicht über die Verdrängungsversuche der Schule gegenüber der Sozialen Arbeit oder der Schulsozialarbeiterinnen und -arbeiter gegenüber den Lehrkräften diskutiert werden.

In diesem Kapitel soll nach Gemeinsamkeiten in den Ansätzen von Schulpädagogik und Sozialer Arbeit nachgedacht und es sollen Möglichkeiten einer interdisziplinären Zusammenarbeit aufgezeigt werden. Die Argumentation für diese Kooperation wird in erster Linie aus Sicht der Sozialen Arbeit entwickelt. Dies soll verdeutlichen, dass Schulsozialarbeit als ein Handlungsfeld der Jugendhilfe verstanden wird, die theoretische Fundierung sowie Hinweise zur praktischen Umsetzung also aus dieser Sicht erfolgen müssen. Erst mit einer solchen Professionalisierungsdebatte kann die Jugendhilfe und damit die Soziale Arbeit überhaupt erst eine Bedeutung im System Schule erlangen.

Integrationsorientiert heisst das Konzept, weil es ausdrückt, dass die Soziale Arbeit an der Zusammenarbeit mit der Schule interessiert ist und eine interdisziplinäre Kooperation anstrebt, die die Stärkung der Persönlichkeit von Schülerinnen und Schülern ins Zentrum stellt. Darin unterscheidet sich dieses Konzept vom Distanzmodell, in dem Schule und Jugendhilfe unverbunden nebeneinander agieren. Integrationsorientiert impliziert ferner, dass die Soziale Arbeit ein Repertoire professioneller Methoden und Arbeitsweisen bietet, das auf die spezifische Situation in der Schule adaptiert werden kann. Darin unterscheidet sich dieses Konzept von Formen der Schulsozialarbeit, die sich auf eine Nischenfunktion reduzieren lassen oder ihre Aufgabe in der Verbesserung schulpädagogischer Methoden sehen. Schliesslich bedeutet integrationsorientiert, dass Schulsozialarbeit aus einer emanzipierten Position heraus kooperiert. Schulsozialarbeit soll als ein eigenständiges Handlungsfeld der Jugendhilfe verstanden werden und erschliesst sich, dort wo es sinnvoll ist, Wege der Zusammenarbeit mit der Schule. Darin unterscheidet sich das integrationsorientierte Konzept der Schulsozialarbeit vom additiven Modell, in dem die Soziale Arbeit punktuell und nach (von der Schule geäussertem) Bedarf im Schulhaus aktiv wird.

Schulsozialarbeit ist - um gängigen Definitionen aus diesem Verständnis heraus zu antworten - *nicht* die "Gesamtheit der sozialen und pädagogischen Bemühungen, die Lernfähigkeiten und -bereitschaften der Kinder/Jugendlichen, damit auch ihre Unterrichtsfähigkeiten und -bereitschaften zu fördern und zu erhalten, immer häufiger auch diese überhaupt erst herauszubilden" (Braun/Wetzel 2000:66). Schulsozialarbeit ist nicht unbedingt "ein Oberbegriff, der alle Aktivitäten einschliesst, die dazu geeignet sind, Konflikte und Diskrepanzen bei SchülerInnen, Eltern und LehrerInnen auf der Grundlage adäquater Methoden der Sozialarbeit (bzw. der Sozialpädagogik) innerhalb der Schule oder auf die Schule bezogen abzubauen" (Wulfers 1996). Schulsozialarbeit ist zu einem Teil, aber nicht ausschliesslich "der Versuch, soziale Probleme und Spannungen, denen besonders Kinder und Jugendliche aus unterpriviligierten - häufig auch unvollständigen - Familien ausgesetzt sind und die vor allen Dingen durch den Selektionscharakter der Schule entstehen, durch Einzelfall- bzw. soziale Gruppenarbeit mit Kindern und Jugendlichen aufzufangen, Stigmatisierungstendenzen abzubauen und einer Angliederung bestimmter Kinder oder Jugendlicher bzw. Gruppen in der Schule entgegenzuwirken" (Stickelmann 1981).

Definition

Wie soll Schulsozialarbeit definiert werden? Welches sind die Merkmale, die das schulsozialarbeiterische Schaffen charakterisieren? Welche Ziele setzt sich Schulsozialarbeit? Diese Fragen zu beantworten ist keineswegs einfach, was die vorherigen Kapitel deutlich machen. Jeder Definitionsversuch steht in einem theoriegeleiteten Rahmen und muss als solcher in seiner Beschränktheit gesehen werden. So auch der folgende, der versucht, die Sicht der Jugendhilfe in den Vordergrund zu stellen. Ich habe bereits darauf hingewiesen, dass Grundsätze und Herangehensweisen der Schulsozialarbeit aus der Tradition der Jugendhilfe heraus entstanden sind und sich von dort aus weiterentwickeln. Schulsozialarbeit sucht mit dem Verständnis von

Sozialer Arbeit die Zusammenarbeit mit den Lehrkräften. Die Schule braucht von der Sozialen Arbeit keine Nachhilfe in Sachen Schulentwicklung, sondern Unterstützung bei der Bearbeitung von Themen im Kontext des Erwachsenwerdens.

Folgende Definition soll diese Optik verdeutlichen und dem integrationsorientierten Konzept von Schulsozialarbeit zugrunde liegen: Schulsozialarbeit ist ein eigenständiges Handlungsfeld der Jugendhilfe, das mit der Schule in formalisierter und institutionalisierter Form kooperiert. Schulsozialarbeit setzt sich zum Ziel, Kinder und Jugendliche im Prozess des Erwachsenwerdens zu begleiten, sie bei einer für sie befriedigenden Lebensbewältigung zu unterstützen und ihre Kompetenzen zur Lösung von persönlichen und/oder sozialen Problemen zu fördern. Dazu adaptiert Schulsozialarbeit Methoden und Grundsätze der Sozialen Arbeit auf das System Schule.

Abbildung 2 (Seite 97) versucht, das integrationsorientierte Konzept von Schulsozialarbeit zu skizzieren. Schulsozialarbeit wirkt im System Schule. Dieses ist von der Schüler/innen-Lehrer/innen-Interaktion geprägt und hat eher den Charakter eines geschlossenen als eines offenen Systems. Helferorganisationen werden ebenso punktuell einbezogen wie die Eltern oder Fachkräfte der Sozialen Arbeit. Mit der Schulsozialarbeit erweitert sich das System Schule um ein Teilsystem. Die Interaktionsformen werden vielfältiger, woraus die Notwendigkeit resultiert, die spezifischen Kontexte, in denen Kooperationen stattfinden oder sinnvoll erscheinen, zu reflektieren.

Unter den Kontextfaktoren spielen auf schulpädagogischer Seite Ideale und Visionen von "Schule sein" eine grosse Rolle. Auf schulsozialarbeiterischer Seite können wir heute noch nicht von Idealen und Visionen sprechen, dazu ist dieses Handlungsfeld noch zu jung. Lieber spreche ich von Grundsätzen, die die Basis für das schulsozialarbeiterische Handeln schaffen (ich werde diese Grundsätze der Prävention, Ressourcenorientierung, Beziehungsarbeit, Prozessorientierung, Methodenkompetenz und Systemorientierung später erläutern).

Schulsozialarbeit und Lehrkräfte handeln auf Grund ihrer lebensgeschichtlichen Erfahrungen und ihrer Haltung. Ein Schulhausteam kann sich eine gemeinsame Vision geben, ein Schulsozialarbeitsteam kann sich Grundsätzen verpflichten, doch Haltungen werden individuell gelebt und beeinflussen die sozialen Beziehungen. Das Bewusstmachen von Idealen, Visionen, Haltungen, Grundsätzen, dem dazugehörigen Menschenbild sowie die Fähigkeit, gemeinsam darüber zu reflektieren, das sind die Herausforderungen an eine Zusammenarbeit.

Jede Unterstützung des Wohls von Kindern und Jugendlichen steht im Kontext lebensweltlicher Realitäten, innerhalb derer die Schülerinnen und Schüler funktionieren (müssen). In welcher familiären Situation ein Schüler steht, unter welchen ökonomischen Bedingungen Erwachsenwerden stattfindet, wo eine Schülerin wohnt und lebt, trägt massgeblich dazu bei, welcher Spielraum einem Entwicklungs- oder Veränderungsprozess gegeben ist und welche Umgangs- oder Bewältigungsstrategien eine Person entwickelt.

Schulsozialarbeit ist eine mittelfristige, komplexe Lösung, kein einmaliges Geschehen im Schulhaus. Verfahrenswege und Handlungsabläufe werden formalisiert, zufällige Kooperationen zwischen Schule und Sozialer Arbeit werden vermieden. Sozialisationsrelevante Themen werden im interdisziplinären Dialog benannt.

Auch wenn in der Realität Schulsozialarbeit insbesondere mit schulmüden und leistungsschwachen Kindern und Jugendlichen stattfindet, beschränken sich die Angebote nicht ausschliesslich auf diese Zielgruppe. Ziel von Schulsozialarbeit ist es keinesfalls, die Schülerinnen und Schüler lernfähiger zu machen oder die Schulentwicklung voranzutreiben. Ziel der Schulsozialarbeit ist es, Kindern und Jugendlichen Hilfestellungen im Entwicklungsprozess zu bieten. Diese Hilfestellungen können Auswirkungen auf die schulische Leistungsfähigkeit haben, müssen dies aber nicht.

Das Schulhausteam wird mit der Schulsozialarbeit um eine interdisziplinäre Zusammenarbeit erweitert. Insgesamt wird der Kompetenzbereich der Schule ohne Zusatzbelastung der Lehrkräfte erweitert und die Utopie "Schule als Lebensraum" bleibt gerade heute, angesichts der oft entfremdeten, entsinnlichten Lebensumstände von Kindern und Jugendlichen und den daraus entstehenden sozialen und persönlichen Problemen, ein wichtiger Orientierungspunkt. Die Zusammenarbeit mit Fachpersonen der Sozialen Arbeit ähnelt einem Frühwarnsystem: Sich anbahnende Konflikte können wahrgenommen, gemeinsam thematisiert und im Idealfall gelöst werden. Bedingung dafür ist die Bereitschaft der Lehrkräfte, ihre Einzelposition aufzugeben. Bedingung ist auch, dass die Schulsozialarbeiterinnen und Schulsozialarbeiter ihre oft aus eigenen Erfahrungen resultierenden Vorurteile gegenüber schulischen Strukturen, Verfahrensregeln und Kommunikationsformen reflektieren. Es darf nicht dazu kommen, dass die Schulsozialarbeit als systemkritische Instanz gegenüber der Schule auftritt. Mehr denn je ist heute eine offene schülerinnen- und schülerzentrierte Auseinandersetzung gefragt. Schule und Soziale Arbeit verfügen dabei gemeinsam über ein Instrumentarium und stimmen auch im Wissen um zentrale Herausforderungen überein.

Abbildung 2:
Skizze eines integrationsorientierten Konzeptes von Schulsozialarbeit

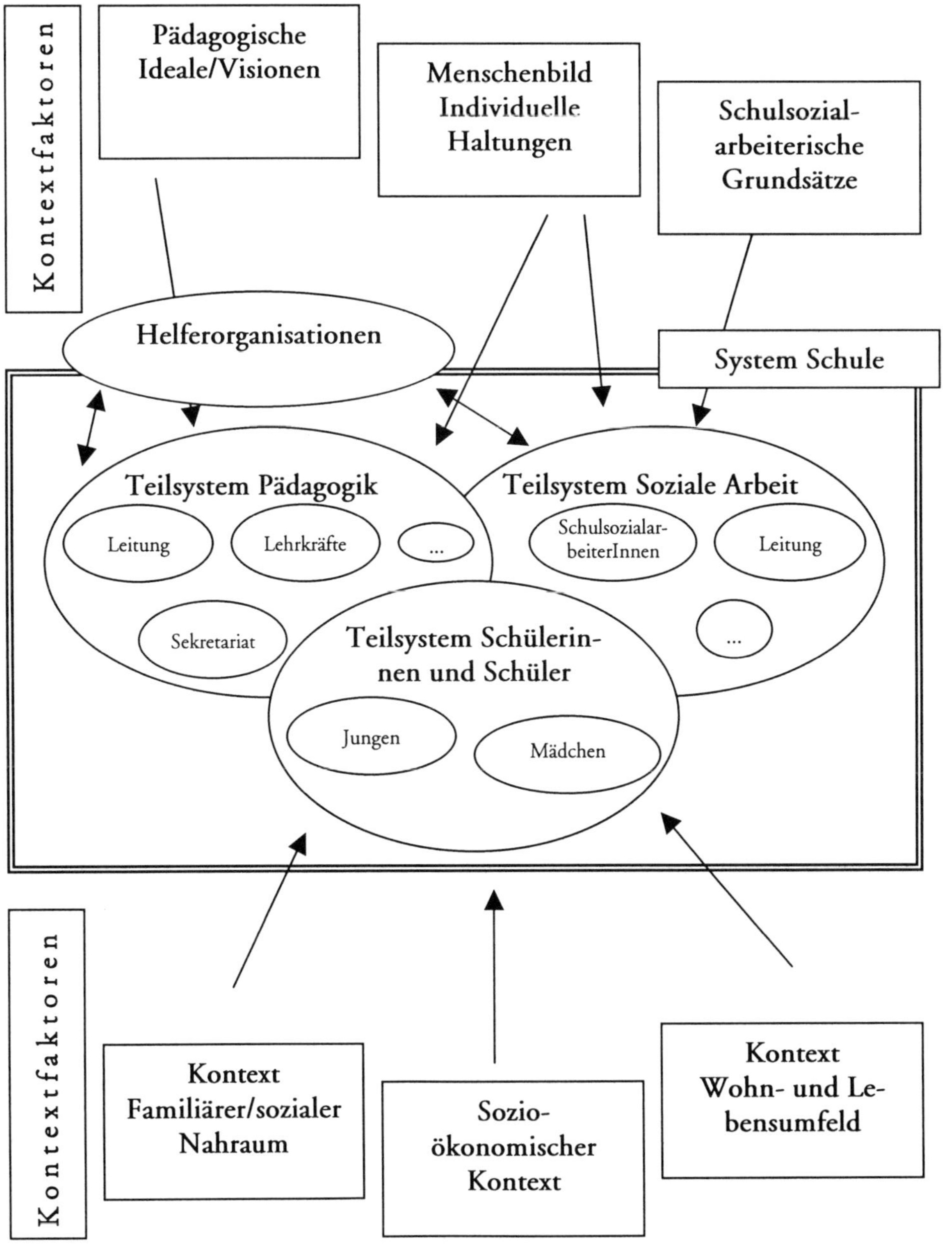

Übereinstimmungen

Grundlegende Übereinstimmung haben Schule und Soziale Arbeit in der Beurteilung des gegenwärtigen gesellschaftlichen Wandels. Ob in Familie, Freizeit oder Beruf: Kinder und Jugendliche treffen zunehmend auf sozialisationsrelevante Herausforderungen, die sie nicht immer alleine bewältigen können. Immer mehr Kindern und Jugendlichen fehlen die konstanten Bezugspersonen, mit denen sie sich ausreichend austauschen können. Beide Institutionen, Schule und Jugendhilfe, sind sich dieser Herausforderung bewusst und arbeiten an Konzepten, die einerseits eine Unterstützung in akuten Notlagen vorsehen und andererseits Angebote bereitstellen, die frühzeitig, also bereits vor einer Notsituation, in Anspruch genommen werden können. Neben neuen Schulmodellen entstehen mit binnendifferenziertem Unterricht, erweiterten Lernformen oder Werkstattunterricht Konzepte, die Bedürfnisse der Einzelnen im Unterricht zu berücksichtigen versuchen. Die Soziale Arbeit reagiert auf den gesellschaftlichen Wandel u.a. mit der Nachqualifikation ihrer Mitarbeiterinnen und Mitarbeiter. Nachdiplomstudien vermitteln Kompetenzen in verschiedenen Bereichen. Die Jugendhilfe entwickelt neue Konzepte der aufsuchenden Jugendarbeit. Auf Seiten der behördlichen Jugendhilfe entsteht die Schulsozialarbeit als niederschwelliges Angebot vor Ort.

Auch bei den grundsätzlichen Zielvorstellungen stimmen Schule und Soziale Arbeit überein. Zwar begründen Schulverantwortliche Veränderungen oft damit, die Schule wieder schulfähig oder den Unterricht wieder durchführbar zu machen, aber im Grunde wissen sie, dass es um mehr geht als um die Verbesserung des eigenen Systems. Es geht um die langfristige Integration der Schülerinnen und Schüler in die Gesellschaft. Es geht darum, Kindern und Jugendlichen Hilfen anzubieten im Prozess des Aufwachsens, junge Erwachsene auf Übergänge zwischen einzelnen Statuspassagen, wie z.B. von der Schule in den Beruf, vorzubereiten.

Auch der Sozialen Arbeit geht es nicht in erster Linie darum, Kinder und Jugendliche kurzfristig in dasjenige System zu reintegrieren, in dem eine schwierige Situation entstanden ist. Sie ist bestrebt, Kindern und Jugendlichen ein Set von Angeboten zur Verfügung zu stellen, die sie mittel- und in manchen Fällen längerfristig in Anspruch nehmen können. Die weitaus meisten Krisen, Probleme und sich daraus ergebenden Defizite von Kindern und Jugendlichen entstehen bei der Bewältigung der Entwicklungsaufgaben.

Schule und Soziale Arbeit vereint das Wissen, dass Schulbiographien eng mit Sozialbiographien zusammenhängen. Schulversagen, Schulmüdigkeit oder Schulverdrossenheit sind selten eine Protesthaltung gegenüber langweiligen Unterrichtsstunden oder überfordernden Lehrkräften. Wer aus der Schule emigriert, handelt selten aus einer momentanen Stimmung heraus. In der Regel beginnt der Ausstieg aus dem Unterricht mit einer Reihe von Hilferufen: Absenzen, Null-Bock-Stimmung, Regelverstösse, Unterrichtsstörung. Der Schulausschluss ist dann die selbstprophezeite Bestätigung, nicht nur die aktuelle Lebenssituation nicht zu meistern, sondern auch in der Schule versagt zu haben. Engagierte Lehrkräfte realisieren derartige Hilferufe frühzeitig und bemühen sich um Lösungen, die den Schüler oder die Schülerin im sozialen Umfeld sehen. Eltern, Freundin oder Freund, die Gleichaltrigengruppe werden thematisiert. Vereinbarungen mit dem Schüler werden getroffen.

Das systemische Denken und Handeln hat in der Sozialen Arbeit eine lange Tradition. Kinder oder Jugendliche werden immer als Teil von Familie, Gleichaltrigengruppe oder sozialem Netzwerk gesehen. Entsprechend systemabhängig sind ihre Funktionen, Positionen und Rollen. Diese unterschiedlichen Zusammenhänge zu erkennen und zu berücksichtigen, ist Voraussetzung einer systemischen Arbeitsweise. Damit einher geht der Abschied vom Paradigma des linearen Denkens in Ursache-Wirkungs-Zusammenhängen.

Grundlegende Übereinstimmung haben Schule und Soziale Arbeit darin, dass sie die Grenzen ihrer eigenen Tätigkeiten kennen und die Kooperation mit anderen Facheinrichtungen suchen. Zur Abklärung einzelner Schülerinnen und Schüler gibt es den Schulpsychologischen Dienst. Der Schulärztliche Dienst hat in vielen Städten und Gemeinden eine weit über die Reihenuntersuchungen hinausgehende Funktion der Beratung von Lehrkräften, Schülerinnen und Schülern sowie in der Aufklärungsarbeit.

Fachkräfte der Sozialen Arbeit wirken bei öffentlichen, gemeinnützigen und privaten Trägern. Dieses System der Unterstützung ist teils auf gesetzlicher, teils auf freiwilliger Basis miteinander vernetzt. Wo beratende oder begleitende Dienste Bedarf sehen, werden weitere Facheinrichtungen zu Hilfe gezogen oder Klientinnen und Klienten an diese verwiesen. Helferkonferenzen klären arbeitsteiliges Vorgehen und sprechen Verantwortlichkeiten ab. Gewisse Facheinrichtungen werden von Schule und Sozialer Arbeit gleichsam in Anspruch genommen (z.B. Psychologischer Dienst, Erziehungsberatungsstellen). Eine frühzeitige Zusammenarbeit, etwa in Form der Schulsozialarbeit, erzeugt Synergien und vermeidet Doppelspurigkeiten.

Grundlegende Übereinstimmung besteht zwischen Schule und Sozialer Arbeit schliesslich im Wissen um die sozialisationsrelevante Bedeutung der jeweils anderen Institution. Kinder und Jugendliche verbringen heute in Schule und Freizeit mehr Stunden als mit den Eltern. Die Eingebundenheit in die Gleichaltrigengruppe spielt eine zentrale Rolle bei der Identitätsentwicklung junger Menschen.

Schulpädagoginnen und -pädagogen betonen dies und fordern die stärkere Berücksichtigung von Lernzielen zur Förderung von Sozialkompetenzen im Unterricht.

Es sind die Methoden der Sozialen Arbeit, von denen sich die Schule zusätzliche Handlungskompetenzen verspricht, nicht Methoden der Psychologie oder Medizin. Umgekehrt strebt die Soziale Arbeit an, ihre Kontakte zur Schule zu intensivieren und zu formalisieren. Die Schulsozialarbeit als institutionalisierte Form einer Zusammenarbeit rückt als Modell in den Vordergrund. Für die Jugendhilfe ist diese Kooperationsform effizient. Jugendhilfe kann in relativ kurzer Zeit an dem Ort, wo Problemlagen sichtbar werden, in Aktion treten und damit einer möglichen Überweisung von Schülerinnen und Schülern an die behördliche Jugendhilfe zuvorkommen.

Herausforderung Interdisziplinarität

Zu behaupten, dass Schule und Soziale Arbeit bei so grundlegenden Übereinstimmungen keine Herausforderungen in der Zusammenarbeit kennen würden, ist übertrieben. Schule und Soziale Arbeit sind nun einmal unterschiedliche Disziplinen, haben unterschiedliche Herangehensweisen, verfügen über verschiedene Erfahrungen. Aber sie arbeiten mit den gleichen Zielgruppen auf vergleichbare Ziele hin. Damit wird die Notwendigkeit zur interdisziplinären Zusammenarbeit zentral. Was aber ist Interdisziplinarität und was verlangt interdisziplinäres Arbeiten? Interdisziplinarität heisst nicht, nebeneinanderher zu arbeiten, etwa nach dem Grundsatz: Die Lehrkräfte versuchen, das Problem zu lösen und wenn sie nicht mehr weiter wissen, dann sind die Schulsozialarbeiterinnen und Schulsozialarbeiter an der Reihe. Interdisziplinarität bezeichnet eine *integrationsorientierte* Zusammenarbeit von Personen aus verschiedenen Disziplinen mit einer gemeinsamen Definition von Zielen und Fragen. Oder anders ausgedrückt: Schulpädagogik und Soziale Arbeit müssen gemeinsam die Frage beantworten, welches die Folgen der gesellschaftlichen Veränderungen für Schülerinnen und Schüler sind und wie sie gedenken, die daraus entstehenden Herausforderungen zu bearbeiten. Diese einfach gestellte Frage erfordert, Kommunikationsschwierigkeiten, Methodenproblemen und Vorurteilen auf beiden Seiten zu begegnen.

Auch externe Helferdienste, wie Schulpsychologie oder Schulmedizin, Familienberatung oder Soziale Dienste, gehören zu den Partnerinnen und Partnern von Schule und Schulsozialarbeit. Sich in dieser Angebotspalette als Fachinstitution zu positionieren, verlangt eine genaue Kenntnis über die eigene Professionalität. Im Zentrum dieser interdisziplinären Zusammenarbeit stehen gemeinsam vereinbarte

Arbeitsabsprachen, Aufgabenteilungen und Verantwortlichkeiten. Interdisziplinarität verlangt, zentrale Begriffe wie Beziehungsarbeit, Krise, Empathie, Intervention oder Prävention definieren und operationalisieren zu können. Gerade im schulischen Bezugsrahmen kommt der Kommunikation zwischen Schulsozialarbeit, Schule und Helferorganisationen eine besondere Rolle zu. Wir alle kennen die Schülerinnen und Schüler, die bereits bei mehreren Fachstellen in einem Beratungs- oder Begleitungsprozess stehen, von dem aber eine Lehrkraft erst einmal nichts weiss und vielleicht auch keine Auskunft auf Nachfrage erhält. Schulsozialarbeit darf sich nicht anmassen, psychologische, medizinische oder therapeutische Aufgaben zu übernehmen. Und sie darf nicht zulassen, dass Schülerinnen und Schüler selbst dann noch von ihr beraten und betreut werden, wenn spezialisiertere Einrichtungen diese Aufgabe übernehmen könnten.

Interdisziplinäre Zusammenarbeit erfordert also einerseits die Fähigkeit, Methoden, Fachsprache und Theorien der eigenen Disziplin zu kennen und reflektieren zu können. Und andererseits müssen die eigenen Denk- und Arbeitsweisen einer anderen Person dargestellt, also erklärt werden können. Beispiele von Problemlagen, die aus einer scheinbar interdisziplinären Zusammenarbeit resultieren, gibt es zuhauf. Schulsozialarbeiter fragen sich nicht selten, ob eine Lehrkraft das Problem eines Schülers überhaupt versteht und in einen grösseren Zusammenhang zu stellen vermag. Lehrkräfte wundern sich oft, warum aus der Sicht der Schulsozialarbeit so viele Aspekte auch zu dem Problem gehören. Methodisch stehen sich Positionen gegenüber, die erklärungsbedürftig sind. Warum etwa steht der Schulsozialarbeiter abwartend auf dem Pausenplatz herum, statt die Lehrerin bei der Pausenaufsicht aktiv zu unterstützen? Bei aller Reflexion und Fähigkeit des Erklärens bleibt als eine grosse - und oft unterschätzte - Herausforderung, gegenseitige Vorurteile abzubauen. Einfach ausgedrückt stehen sich Lehrkräfte als knallharte Vertreterinnen und Vertreter der Leistungsgesellschaft und Schulsozialarbeiterinnen und Schulsozialarbeiter als unprofessionelle Sozialromantikerinnen und Sozialromantiker gegenüber.

Es wird oft argumentiert, dass bestimmte Strukturunterschiede zwischen Schule und Sozialer Arbeit eine Zusammenarbeit unmöglich machen oder für Schwierigkeiten in der Zusammenarbeit verantwortlich sind. Dieser Annahme soll an dieser Stelle widersprochen werden. Nicht die Strukturunterschiede machen die Zusammenarbeit schwer, sondern das Unvermögen oder der Unwille, sich die Strukturunterschiede gegenseitig zu erklären und daraus die notwendigen Konsequenzen für die Zusammenarbeit zu ziehen. Die Herausforderung, vor der Schule und Soziale Arbeit stehen, heisst also nicht, die jeweils unterschiedlichen Arbeitsweisen, Methoden und Verfahren einseitig anzupassen, aufzugeben oder beidseitig gleich zu machen. Es geht darum, sich der Struktur des eigenen Systems bewusst zu werden, die Unterschiedlichkeit zum anderen System herauszuarbeiten und dann die gemeinsame Anstrengung zu unternehmen, in einem Dialog den Beitrag der jeweils eigenen Fachlichkeit auszuweisen. Welche Unterschiede erklärungsbedürftig sind, hat Wilma Grossmann herausgearbeitet (Tabelle 17).

Tabelle 17: Strukturunterschiede zwischen Schule und Sozialer Arbeit

	Schule	Soziale Arbeit
Lernort	Schule (Klassen- und Fachräume)	Schule; Stadtteil; von den Jugendlichen gestaltete Räume
Kommunikation	im Unterricht sachorientiert; Ausgrenzung von Bedürfnissen; Ritualisierung; Bewertung der Äusserungen (Noten)	offen; orientiert an den Themen/Problemen der Jugendlichen
Zeitstruktur	durch Stundenplan vorgegeben; wenig flexibel	tendenziell bedürfnisorientiert; innerhalb eines weit gesteckten Rahmens flexibel
Gruppenstruktur	altershomogene Gruppen (Klassen)	altersheterogene Gruppen; Einzelfallhilfe
Angebotsstruktur	verpflichtend	freiwillig
Professionalisierung	hoher Professionalisierungsgrad	neues Berufsfeld

aus: Grossmann (1987:173)

Schule verpflichtet sich, Schülerinnen und Schülern im Verlauf ihres Schulbesuchs diejenigen Sachkompetenzen zu vermitteln, die durch den Lehrplan ausgewiesen sind. Angesichts der Fülle der zu vermittelnden Lerninhalte stehen die Vermittlung von Sachkompetenzen sowie Problemlösungs- und Lerntechniken im Vordergrund. Der Erwerb von Sozialkompetenzen und die Auseinandersetzung mit persönlichen Inhalten treten dagegen in den Hintergrund und haben den Stellenwert eines Nebenprodukts des sachlichen Lernens. Damit wird schulisches Lernen in erster Linie kognitiv und sachbezogen.

Soziale Arbeit verpflichtet sich einem lebensweltlichen Arbeitsansatz, also der Wahrnehmung von Lebensmöglichkeiten und Schwierigkeiten, wie sie im Alltag erfahren werden. Das Ziel sozialarbeiterischen Wirkens ist es, die Schülerin oder den Schüler zu befähigen, ein geäussertes Problem zu bearbeiten. Dazu bringt die Soziale Arbeit Methoden- und Sozialkompetenzen mit. Kinder und Jugendliche sollen ihre Handlungsziele selbst bestimmen. Sie sollen eigene Wege entwickeln, Herausforderungen im sozialen Bereich angehen und frühzeitig dort Hilfestellungen annehmen, wo sie als notwendig erachtet werden.

Schulisch zu erbringende Leistungen sind in der Regel personenunabhängig. Nicht die persönliche Befindlichkeit steht im Vordergrund, sondern die Anwendung von Sachwissen und Problemlösungstechniken. Es gilt, Lernziele zu bestimmten, festgelegten Zeitpunkten zu erreichen. Versetzungsempfehlungen drücken aus, ob die verantwortlichen Lehrkräfte die erbrachten Leistungen als ausreichend einschätzen. Die persönliche Lebenssituation des Schülers bzw. der Schülerin wird zwar bei der Beurteilung der schulischen Situation berücksichtigt, werden Leistungen aber über eine bestimmte Zeitspanne nicht erbracht, muss die Schule reagieren.

Mit den Qualifikationsformen der Schule zusammen hängt ihre Ergebnisorientierung. Der *Weg* eines Kindes oder Jugendlichen zum Ergebnis steht selten im Zentrum schulischer Leistungsmessung. Zumeist findet eine Überprüfung des Könnens (selten des Wollens) am Ende einer thematischen Einheit in Form von Tests oder einer Beurteilung statt. Mehrere kleine Qualifikationen münden in einer Gesamtnote.

Die Institution Schule fordert andere Lernformen als die familiäre Situation und das Lernen in der Gleichaltrigengruppe. Der Lernort Schule unterscheidet sich grundsätzlich von ausserschulischen Lernorten. So erfolgt die Vermittlung von Lerninhalten zum grossen Teil in einer künstlichen Lernwelt. Durch modellhafte Abbildungen wird versucht, ein Stück Realität ins Schulzimmer zu transferieren. Realität wird simuliert. Exkursionen in die Alltagswelt haben heute einen festen Platz im Schulalltag. Dennoch findet danach meist eine Aufarbeitung im Schulzimmer statt, wodurch der Ausflug in die Realität zum zeitlich begrenzten, mit Aufgaben oder Inputs befrachteten sachorientierten Ortswechsel wird. Was dabei verloren geht, ist die Zufälligkeit des Interesses von Kindern, denn der Vorgang wird von der Lehrperson aus initiiert, gesteuert und zeitlich festgelegt.

Soziale Arbeit kann grundsätzlich überall stattfinden. Zwischenräume werden zum Ort sozialen Lernens, sei es der Flur, der Pausenhof oder von den Kindern und Jugendlichen selbst gestaltete Räume. Schulsozialarbeit ist darauf angewiesen, präsent vor Ort zu sein und mit aktuellen sozialen Realitäten zu arbeiten.

Die Kommunikation in der Schule ist auf die Lehrkraft zentriert, was als eine Folge des Bildungsauftrags zu sehen ist. Erwachsene mit einem Wissensvorsprung vermitteln innerhalb einer künstlichen Lernwelt Fachwissen. Selbst erweiterte Lernformen und binnendifferenzierter Unterricht vermögen häufig nicht über die Tatsache hinweg zu täuschen, dass die Fäden der Kommunikation bei der Lehrkraft zusammenlaufen. Momentane persönliche Anliegen und Bedürfnisse der Schülerinnen und Schüler müssen immer wieder zu Gunsten des Bildungsauftrags zurückgestellt werden.

Soziale Arbeit leistet Beziehungsarbeit fern eines Lehrplans. Freiräume bestehen, innerhalb derer gemeinsam an individuellen Lösungsprozessen gearbeitet werden kann. Die Kommunikation beinhaltet nicht automatisch einen Wissensvorsprung der erwachsenen Person, vielmehr werden Veränderungen auch von Seiten der Kinder oder Jugendlichen angeregt. Soziale Gruppen- und Einzelmethoden gehören zur Ausbildung der Sozialen Arbeit. Im Rahmen dieser ist die Kommunikation eine differenzierte Methode, das Arbeitsinstrument der Sozialen Arbeit schlechthin.

Die schulische Bildung wird in altershomogenen Klassen vermittelt. Die Gruppenzusammensetzung erfolgt zu einem bestimmten Zeitpunkt und ist - soweit es die Klasse betrifft - über mindestens ein Jahr konstant. Wechsel zwischen Klassen oder gar Schulhäusern ist nur in begründeten Ausnahmefällen möglich.

Soziale Arbeit verfügt über verschiedene Möglichkeiten der Gruppenzusammensetzungen. Sie arbeitet mit Gruppen einer Klasse, mit klassenübergreifenden Gruppen und altersgemischt. Problemorientierte Gruppenarbeiten (wie bei Mobbing oder physischer Gewalt) werden oftmals geschlechtergetrennt im Team bearbeitet.

Der hohe Professionalisierungsgrad der Schule gründet auf einer langen Tradition. Bildung an sich hat in unserer Gesellschaft einen hohen Stellenwert, werden doch Schülerinnen und Schüler in letzter Konsequenz auf die Erwerbstätigkeit vorbereitet. Innerhalb der Institution Schule besteht eine festgelegte Hierarchie. Die Ausbildung ist, um unterschiedliche Disziplinen unterrichten zu können, fest definiert. Die Rolle und die Funktion einer Lehrkraft ist festgelegt durch den Auftrag.

Schulsozialarbeit hat eine vergleichsweise junge Geschichte. Meist wird Soziale Arbeit an der Schule den Gegebenheiten entsprechend verankert. Die Professionalisierung betrifft dabei die Funktion, die Arbeitsweise, nicht aber den äusseren Rahmen. Hier werden häufig im Laufe der konkreten Arbeit Anpassungen vorgenommen.

In der Realität zeigen sich die beschriebenen Strukturunterschiede nicht in ihrer "reinen" Form. Wenn der Pädagoge Manfred Lengen (1999:185) bemerkt, dass die "Ausweitung der schulischen Ausbildung eindeutig im Bereich der Erziehung in einem enorm erweiterten Verständnis als Betreuung und Fürsorge für Kinder und Jugendliche mit den verschiedensten Voraussetzungen und Erwartungen ihrer Eltern stattfinden muss" oder die Bildungskommission Nordrhein-Westfalen (1995:XIII) das "Konzept der Schule als Lern- und Lebensraum" propagiert und ihre Vorstellungen von der Schule der Zukunft unter dem Bild eines "Haus des Lernens" entwickelt, dann wird deutlich, dass die oben dargestellten Extremformen weiterentwickelt wurden. Auch die Strukturmerkmale der Sozialen Arbeit haben nicht in allen Arbeitsbereichen uneingeschränkte Gültigkeit. Das Prinzip der Freiwilligkeit in der Schulsozialarbeit ist insofern angepasst, als es für Kinder und Jugendliche auch unfreiwillige Begegnungen mit den Sozialarbeiterinnen und Sozialarbeitern geben kann. Wenn beispielsweise Lehrkräfte bestimmte Themen als wichtig erachten und die Schulsozialarbeit diese während der Unterrichtszeit thematisiert.

Grundsätze

Signalisiert das Abrücken von starren Strukturtypen die Entwicklungsfähigkeit von Schule und Sozialer Arbeit, so beschreiben Grundsätze der Schulsozialarbeit grundlegende Prinzipien, auf denen die Arbeit der Schulsozialarbeit beruht. Welche Grundsätze sollen die schulsozialarbeiterische Tätigkeit definieren? Die folgenden sechs Grundsätze werden vereinzelt in der Theorie der Sozialen Arbeit diskutiert, haben sich in der schulsozialarbeiterischen Praxis bewährt und scheinen daher geeignet, der Schulsozialarbeit einen Rahmen zu geben. Es sind dies die Grundsätze der Prävention, Ressourcenorientierung, Beziehungsarbeit, Prozessorientierung, Methodenkompetenz und Systemorientierung.

Grundsatz der Prävention: Schulsozialarbeit unterstützt Kinder und Jugendliche in der individuellen und sozialen Entwicklung. Persönlichen und sozialen Problemlagen will Schulsozialarbeit vorbeugen bzw. diese verhüten. Sie interveniert soweit möglich immer schon vor dem Eintreffen des unerwünschten Ereignisses oder Zustandes. Dazu muss sie Lehrkräfte, Erziehungsberechtigte und Bezugspersonen weitmöglichst und frühzeitig einbeziehen.

Schulsozialarbeit unterscheidet in ihrer Arbeit zwei Formen von Prävention. Primäre Prävention setzt sich zum Ziel, Ursachen späterer Störungen zu beseitigen oder derart zu beeinflussen, dass Störungen bzw. Beeinträchtigungen nicht auftreten. Primäre Prävention fördert Bestrebungen, gesund zu bleiben. Primäre Prävention bedeutet, mit Kindern und Jugendlichen über Generalthemen zu sprechen. Workshops über die zukünftigen Vorstellungen des Berufs gehören ebenso in den Bereich der Primärprävention wie eine Gruppenarbeit zum Thema Sexualität. In der primärpräventiven Arbeit richtet sich die Schulsozialarbeit nicht in erster Linie an eine spezifische Gruppe unter den Schülerinnen und Schülern, wie z.B. Ausländerinnen oder Ausländer, Schulverdrossene oder Problemschülerinnen und Problemschüler. Es gilt, ein Thema allen Schülerinnen und Schülern zugänglich zu machen, füreinander zu sensibilisieren. Aus der Arbeit in der Primärprävention resultieren auch Kontakte der Einzelfallhilfe.

Sekundäre Prävention ist Früherkennung und -behandlung. Sie setzt bei Symptomen und Spannungszuständen an, die zu körperlichen, seelischen und sozialen Beeinträchtigungen führen können. Sekundäre Prävention soll die Herausbildung manifester Störungen verhindern. Sekundäre Prävention leistet die Schulsozialarbeit dann, wenn bereits ein Problem entstanden ist. Etwa wenn Lehrkräfte über Gewalt in ihrer Klasse berichten oder wenn bei einem Schüler die Anzahl der Absenzen sehr hoch ist. Schulsozialarbeit wird in solchen Fällen abwägen, in welchem Rahmen sie das Thema bearbeitet. Steht das Thema Gewalt in der Klasse beispielsweise im Vordergrund, könnte es sinnvoll sein, mit allen Jungen oder Mädchen einer Klasse zu einem Austausch zusammenzukommen. Bei einer Schülerin mit suizidalem Verhalten wird die Einzelberatung im Vordergrund stehen.

Grundsatz der Ressourcenorientierung: Schulsozialarbeit arbeitet mit den Stärken und Fähigkeiten der Schülerinnen und Schüler und unterstützt sie so in ihrer Persönlichkeit. Sie engagiert sich für das Ziel, die Schule gegenüber ihrem sozialen Umfeld zu öffnen, also den Lern- und Leistungsort Schule um den Lebens- und Erfahrungsraum Schule zu erweitern.

Schulsozialarbeit arbeitet grundsätzlich ressourcenorientiert, das heisst, sie öffnet sich den Stärken und Fähigkeiten Einzelner und Gruppen, fördert und unterstützt diese. Schulische Leistungen sind dabei nicht von Bedeutung. Es geht darum, Kindern und Jugendlichen Zugang zu ihren Stärken zu verschaffen. So erfahren Schülerinnen und Schüler, die sich bisher mehrheitlich als Versagende und Opfer gefühlt haben, in der individuellen Beratungssituation Verständnis und Unterstützung. Sie können Probleme aktiv angehen und die passive Haltung aufgeben. In der Gruppenarbeit kann es sich ergeben, dass eher zurückhaltende Jugendliche innerhalb der Gruppe überhaupt erst wahrgenommen und gehört werden und so eine stärkere Position einnehmen. Schulsozialarbeit greift bestehende Probleme auf, geht sie unter Einbezug der Stärken aller Beteiligten gemeinsam an, um so dass Selbstwertgefühl der Heranwachsenden zu stärken. Gerade in der Phase der Adoleszenz, als der Phase des Übergangs und der Neuorientierung sozialer Beziehungen, befinden sich Jugendliche häufig in einer defizitären Situation. Sie sind darauf angewiesen, ihre positiven Seiten zu erleben, sich bestätigt und anerkannt zu fühlen. Dadurch, dass Schulsozialarbeit individuelle Probleme und Themen Einzelner und Gruppen ins Zentrum rückt und Lösungsprozesse initiiert, kann sie zur Lebensweltorientierung der Schule beitragen. Wenn auch die Lehrkräfte an dieser Aufgabe mitwirken, ist ein wichtiger Schritt einer Schule als Lern-, Lebens- und Erfahrungsraum getan.

Grundsatz der Beziehungsarbeit: Schulsozialarbeit unterstützt Schülerinnen und Schüler, Lehrkräfte und Eltern beim Aufbau einer Beziehungskultur, die auch zu einem verbesserten Schulhausklima beiträgt. Auf dieser Grundlage können Sozialkompetenzen entwickelt bzw. erweitert werden und kann Konflikten offen und konstruktiv begegnet werden.

Beziehungsarbeit durchzieht die schulsozialarbeiterische Tätigkeit wie ein roter Faden. Der Aufbau einer Beziehung bildet die Grundlage, Hilfestellungen überhaupt erst anbieten zu können. Dabei spielt die Präsenz und die Ansprechbarkeit der Schulsozialarbeit eine grosse Rolle. Häufig entstehen Beziehungen bei zufälligen Begegnungen während der Pause oder im Flur, bei Klassenausflügen oder Klassenlagern. Eine Beziehung, die von Vertrauen und Offenheit geprägt ist, ist die Basis für die Initiierung von Lösungsprozessen. So muss sich der Schüler oder die Schülerin sicher sein können, sich auf die beratende Person verlassen zu können. Die Person muss verstanden und ernst genommen werden. Lösungsschritte dürfen nur in gemeinsamer Absprache erfolgen.

Einerseits steht die Schulsozialarbeit in Beziehung zu einzelnen Personen, andererseits versucht sie, zu verbesserten sozialen Beziehungen in Gruppen beizutragen. Sie arbeitet mit Hilfe von Methoden der sozialen Gruppenarbeit zu Themen wie Konflikte oder Gewalt. Im Zentrum steht die Wahrnehmung eigener und fremder Befindlichkeiten und Gefühle. So kommen die Jugendlichen mit ihren eigenen Gefühlen in Kontakt und lernen diese zu verbalisieren und gleichzeitig andere auf der Gefühls- und Beziehungsebene wahrzunehmen. Diese Kompetenzen bilden die Basis zum Aufbau empathischer Beziehungen.

Auf der Elternebene geht es in der Schulsozialarbeit darum, bei der Erziehungsarbeit ressourcenorientiert zu unterstützen. Dabei wird auf Basis einer Haltung, die von Achtung geprägt ist, nach Unterstützungsmöglichkeiten gesucht. Es gilt, problembelastete Eltern in ihrer Überforderungssituation ernst zu nehmen. Eltern, die mit der Schulsozialarbeit in Beziehung stehen, öffnen sich und werden Hilfsangebote annehmen können.

Beziehungsarbeit in der Schulsozialarbeit erfordert zeitliche und personelle Kapazitäten sowie professionelle Fähigkeiten. In vielen Fällen zeigt sich, dass der Aufbau einer Beziehung nicht einfach durch das Prinzip der Niederschwelligkeit erreicht werden kann. Selbst Schulsozialarbeiterinnen, die während der ganzen Woche in einem Schulhaus anwesend sind, geben an, dass der Zugang zu Mädchen leichter ist als zu Jungen, dass sie eher mit Mädchen über Themen wie Ideale und Vorbilder sprechen können oder dass ihnen die Lebenssituation von Mädchen vertrauter und damit nachvollziehbarer ist als die von Jungen. Beziehungsarbeit muss daher unter geschlechtsspezifischen Aspekten gesehen werden.

Professionalität in der Beziehungsarbeit ist immer dann gefordert, wenn der Prozess der Beziehungsgestaltung nicht in dem Masse voranschreitet, wie es erwartet wird. Die Entscheidung eines Schülers, ein Beziehungsangebot erst einmal nicht anzunehmen, muss akzeptiert werden. Dies ist für Lehrkräfte und das soziale Umfeld nicht immer einsichtig, besonders dann nicht, wenn eine schwierige Situation schnell angegangen werden soll. Eine vertrauensvolle Beziehung kann nicht verordnet oder erzwungen werden. Wichtig ist die konstante, verlässliche Anwesenheit der Schulsozialarbeiterin bzw. des Schulsozialarbeiters. Es ist ein Kardinalfehler - und das haben die Ergebnisse in den neuen Bundesländern Deutschlands gezeigt - wenn Schulsozialarbeit nur für wenige Monate angeboten wird. Die befristet angestellten Fachpersonen (und häufig sind es gerade dann keine Fachpersonen, sondern zum Beispiel Praktikantinnen oder Praktikanten) wiederholen genau das, was die Kinder und Jugendlichen tagtäglich erleben: Eine Beziehung wird aufgebaut, es entsteht ein Vertrauensverhältnis, es wird gemeinsam gearbeitet und dann erfolgt (aus Projektgründen) ein Beziehungsabbruch. Es ist auf eine höchstmögliche Kontinuität bei der Besetzung von Schulsozialarbeitsstellen zu achten.

Grundsatz der Prozessorientierung: Schulsozialarbeit handelt im Interesse der Schülerinnen und Schüler. Sie bietet niederschwellige Beratungs-, Begleitungs- und Interventionsangebote. Insbesondere Schülerinnen und Schüler in schwierigen Situationen sollen bei ihren individuellen Lösungsprozessen unterstützt werden.

Gewalt, schulische Leistungen, Schulversagen oder Absenzen: Die Liste der Gründe, weswegen Schülerinnen oder Schüler mit der Schulsozialarbeit in Kontakt kommen, liesse sich verlängern. Doch selten ist der Grund des Erstkontaktes auch das vorherrschende Thema des Beratungsgesprächs. Und nicht immer ist das Thema des Erstberatungsgesprächs auch das "eigentliche" Thema. Wir haben uns beispielsweise daran gewöhnt, von Gewalt als einem Hilferuf zu sprechen. Wie aber reagieren wir auf diesen Hilferuf? Wie gelingt es der Schulsozialarbeit, das "Thema hinter dem Thema" zu erkennen? Sicherlich durch ihre Art des Fragens, des Zuhörens, der Kommunikation allgemein. Aber nicht zuletzt auch, weil Schulsozialarbeit weniger ergebnis- als vielmehr prozessorientiert ist. Eine Schülerin, die versucht hat, sich das Leben zu nehmen, kann nicht innert einer Stunde für einen Veränderungsprozess gewonnen werden. Ebenso wenig ein Schüler, der seit Jahren andere schlägt oder quält. Wer etwas verändern will, muss sich Zeit nehmen, genau hinzuhören und bereits kleine Veränderungen als Erfolg zu sehen. Erwachsene sind aufgefordert, sich auf einen Prozess mit den Jugendlichen einzulassen und diesen Prozess nicht wegen einer übervollen Agenda oder einem vorab definierten Zeitplan aufzugeben. In den Evaluationen zur Schulsozialarbeit finden sich zahlreiche Beispiele, die zeigen, dass Jungen eher wegen schulischer Probleme und Mädchen eher wegen Problemen in der Familie oder dem sozialen Nahraum zur Schulsozialarbeit kommen. Dass deswegen bei den Schülern mehr als bei den Schülerinnen das schulische Leistungsverhalten im Zentrum des Gesprächs steht, wäre ein Fehlschluss. Eine Schulsozialarbeiterin, die ihre Beratungsprinzipien beherrscht, fragt nicht zuerst danach, *warum* ein Schüler Leistungsschwierigkeiten in der Schule hat. Sie fragt, wie er sich dabei fühlt, wenn er immer wieder auf Grund seiner schulischen Leistungen von der Lehrkraft schlecht qualifiziert wird, fragt danach, ob der Schüler auch irgendwelche Stärken in sich selbst sieht. Die Erfahrung zeigt, dass viele solcher Beratungen beim zweiten oder dritten Gespräch zum wirklichen Problem, also dem "Thema hinter dem Thema", vorgestossen sind. Und dann werden oft auch Gespräche mit den Eltern notwendig.

Dieser Veränderungsprozess ist ein langer Prozess, der in seiner Anfangsphase regelmässige Kontakte und Abmachungen erfordert. Abmachungen, die nicht nur das Reflektieren der Person über sich selbst betreffen, sondern auch Verhaltensänderungen gegenüber der Umwelt einschliessen. Mit einem gewalttätigen Jugendlichen etwa werden Rituale verabredet, die verhindern sollen, dass er bei einem nächsten Mal "einfach" wieder zuschlägt. Massnahmen, Vereinbarungen oder Abmachungen werden im Prozessverlauf regelmässig überprüft und angepasst. Den individuellen Möglichkeiten und Grenzen gilt dabei besondere Beachtung. Überforderungssituationen sind ebenso zu vermeiden wie Unterforderungen. Erst wenn ein Schüler bzw. eine Schülerin das Gefühl hat, den Prozess selbst zu steuern, wird er bzw. sie sich auch die Erfolge zuschreiben. Damit ist ein wesentliches Ziel auf dem Weg zu einer dauerhaften Lösung erreicht.

Grundsatz der Methodenkompetenz: Schulsozialarbeit baut auf den Grundlagen der Einzelfallhilfe, der sozialen Gruppenarbeit, der Gemeinwesenarbeit und der Projektarbeit auf. Sie regt Lösungsprozesse an, will nicht als Problemlösungsinstanz an sich agieren. Insbesondere wenn die Komplexität der Probleme eine interdisziplinäre Zusammenarbeit erfordert, muss die Schulsozialarbeit unbürokratisch an Helferorganisationen und externe Fachstellen verweisen bzw. mit diesen interagieren können.

Die Einzelfallhilfe bietet Hilfe zur Selbsthilfe und richtet sich primär an Schülerinnen und Schüler mit persönlichen, schulischen und familiären Problemen. Ziel des Hilfsprozesses ist es, eine bessere Balance zwischen Individuum und Umwelt zu schaffen, was bedeutet, dass der Fokus der Individualhilfe auf den Beziehungen zwischen Schülerin oder Schüler und sozialem Umfeld liegt. Ausgegangen wird dabei in erster Linie von den Empfindungen, Kompetenzen, Verhaltensweisen und

Sichtweisen der Hilfe suchenden Person. In einem ersten Schritt wird die Krisensituation beleuchtet. Dabei geht es darum, mit der Schülerin oder dem Schüler die aktuelle Situation oder Konfliktlage zu analysieren und Informationen zu den objektiven Gegebenheiten und den subjektiven Empfindungen zu sammeln. Bei Bedarf und nach Absprache werden bei weiteren betroffenen Personen oder involvierten Fachstellen Informationen eingeholt, die der Erhellung der Sachlage dienen. Die Schulsozialarbeit verschafft sich so eine möglichst umfassende Sicht der individuellen Situation. Gemeinsam mit der Schülerin oder dem Schüler werden in einem nächsten Schritt die notwendigen Schritte zur Veränderung der Situation erwogen und eingeleitet. Dabei können Vereinbarungen hinsichtlich der zu erbringenden Eigenleistungen im Hilfsprozess getroffen werden. Nach Absprache können Personen aus dem sozialen Umfeld oder andere Fachstellen einbezogen werden. Generelles Ziel des Hilfsprozesses ist es, die aktuelle Krisensituation bzw. Konfliktlage zu entschärfen, Hilfestellungen zur Einleitung längerfristiger Massnahmen zur Veränderung der Situation zu bieten sowie die Persönlichkeitsentwicklung generell zu fördern und zu unterstützen.

In der sozialen Gruppenarbeit gilt die Gruppe als ein Ort für Wachstum, Reifung und Bildung. Die Gruppe hat mit der Sozialarbeiterin oder dem Sozialarbeiter eine klar definierte Leitungsperson, die darauf hinarbeitet, die soziale Funktionsfähigkeit des Einzelnen im Rahmen der Gruppenarbeit zu fördern und zu unterstützen. Gleichzeitig soll eine spezifische Problemstellung mit den Beteiligten bearbeitet werden. Die Gruppe übernimmt es, in Bezug auf die Problembearbeitung oder das weitere Vorgehen gemeinsame Entscheidungen zu treffen. Beim geleiteten Gruppenprozess sind (1) die Stellung des Einzelnen in der Gruppe, (2) die Rolle des Einzelnen in Abhängigkeit von der Gruppe sowie (3) die Bindung der einzelnen Gruppenmitglieder zueinander von Bedeutung. Die leitende Person beachtet diese Aspekte und unterstützt den Prozess hin zur Lösungsfindung oder zur konstruktiven Bearbeitung eines Themas. Das Thema kann sich aus einem aktuellen Vorfall ergeben, formuliertes Anliegen einer bestehenden Gruppe sein, innerhalb eines Projektes oder im Rahmen eines Generalthemas formuliert werden. Gruppen können sich je nach Thema altershomogen (z.B. alle Schüler/innen einer Klasse) oder altersheterogen (z.B. Schüler/innen und Eltern), geschlechtsspezifisch (z.B. nur die Jungen) oder geschlechtsunspezifisch (z.B. eine Gruppe innerhalb einer Klasse) zusammensetzen.

Gemeinwesenarbeit bezieht sich auf den gesamten Sozialraum und wirkt über das Schulhaus hinaus. Das Gemeinwesen ist nicht einfach die Summe aller Individuen innerhalb einer Lokalität, vielmehr ist es ein soziales System. Daher werden bei der Gemeinwesenarbeit die psychosozialen Lebensbedingungen ebenso einbezogen wie die materiellen, ökonomischen, politischen und kulturellen Lebensbedingungen. Probleme werden aus obengenannten Wirkungszusammenhängen heraus definiert und bearbeitet. Gemeinwesenarbeit arbeitet zielgruppenorientiert oder zielgruppenübergreifend mit der Absicht, die Selbsthilfekräfte und Eigeninitiative der Individuen in einem Gemeinwesen zu aktivieren, zu unterstützen oder auszubauen. Dies bedingt eine enge Orientierung der Gemeinwesenarbeit an den vorhandenen Ressourcen. Insbesondere zielt sie auf eine Zusammenarbeit bestehender Einrichtungen im Gemeinwesen ab und vernetzt diese. Gemeinwesenarbeit kann nur dann erfolgreich sein, wenn alle beteiligten Personen und Institutionen ein gemeinsames Ziel formulieren, einen Handlungsspielraum definieren und wichtige Entscheidungsträger Veränderungsbereitschaft (z.B. für ein bestimmtes Projekt) signalisieren.

Ein Projekt ist ein zeitlich befristetes, einmaliges Vorhaben, dessen Zielsetzung klar definiert wird. Der Prozess ist der Weg von einem Ist-Zustand zu einem Soll-Zustand. In einem Projekt geht es immer um ein konkretes, abgegrenztes Ziel. Um dieses zu erreichen, arbeiten mehrere Personen für eine gewisse Zeit zusammen. Die Gruppeneinteilung kann nach verschiedenen Gesichtspunkten erfolgen (z.B. Schüler/innen, Schüler/innen und Lehrkräfte; altersgemischt/altershomogen). Die Projektarbeit fördert die intensive prozessorientierte Auseinandersetzung mit einer Ausgangssituation, einer Fragestellung oder einem Problem (z.B. Gewalt im Schulhaus). Ein Projekt lässt sich in verschiedene Phasen einteilen (Projektdefinition, Projektierung, Realisierung, Evaluation), die von Seiten der Schulsozialarbeit vor dem Hintergrund unterschiedlicher Spannungsverhältnisse (zeitlich, personell, konzeptionell) spezifische Formen der Begleitung erfordern.

Grundsatz der Systemorientierung: Obschon Schulsozialarbeit im (Teil-)System Schule wirkt, reichen die Lösungsansätze weit über den schulischen Rahmen hinaus. Schulsozialarbeiterisches Denken ist systemorientiert und nicht ausschliesslich auf das Individuum bezogen. Problemlösungen werden mit dem Wissen um die verschiedenen Rollen ihrer Zielgruppen und ihren Beziehungen zu anderen Menschen in unterschiedlichen Systemen gestaltet.

Schulsozialarbeit betreibt kein ausschliesslich auf Schülerinnen und Schüler gerichtetes "casework", sondern verfolgt einen systemorientierten Ansatz. Peter Lüssi hat den Unterschied deutlich gemacht: "Die Casework-Theorie sieht zwar, dass die Probleme des Klienten sich dadurch manifestieren, dass der Klient in seiner Umwelt, in der praktischen Lebensbewältigung Schwierigkeiten hat. Aber diese äusseren Probleme sind für das Casework in erster Linie Symptome einer inneren, psychischen Problematik des Klienten." (Lüssi 1995:59) Doch gewalttätiges Verhalten eines Schülers lässt sich nicht auf eine Person reduzieren, und der Veränderungsprozess kann sich nicht ausschliesslich auf eine Auseinandersetzung mit dem Täter beschränken. Systemisches Arbeiten in der Schulsozialarbeit heisst, den gewalttätigen Schüler als Mitglied eines sozialen Systems zu betrachten, das je nachdem, wo es sich bewegt, unterschiedliche Rollen hat. So kann der schulische Gewalttäter in der Familie die Rolle des Gewaltopfers haben, im Sportverein die Rolle des Einzelgängers und in der Gleichaltrigengruppe die Rolle des Handlangers. Schulsozialarbeit versucht, sich dem sozialen System, in dem der Schüler funktioniert, auf verschiedenen Wegen wie Einzelfallhilfe, Elterngespräch, Helferkonferenz oder soziale Gruppenarbeit anzunähern. In jedem Subsystem ergibt sich eine eigene Dynamik und steht eine andere Themenbearbeitung im Vordergrund. Entsprechend umfangreich können auch die Problemlösungen sein. So kann das Gespräch mit der Mutter über ihren gewalttätigen Sohn verdeutlichen, dass die Eltern in ihrer Überforderungssituation Unterstützung brauchen. Schulsozialarbeit kann hieraus den Auftrag ableiten, die Mutter nicht nur bei Gewalttätigkeiten ihres Sohnes, sondern auch im Falle von Absenzen, Schulversagen oder anderen Themen beratend zu begleiten. Eine so verstandene Arbeit schliesst die beratenen Schülerinnen und Schüler sowie ihre Eltern oder Bezugspersonen in die Lösungswege ein. Auch die Kinder und Jugendlichen selbst verfügen über Kompetenzen, die es für den Veränderungsprozess zu benennen und zu nutzen gilt. Eltern besitzen Erziehungskompetenzen (unabhängig vom Erziehungsstil), die es einzubeziehen gilt. Schulsozialarbeit setzt sich konstruktiv mit Systemen wie Schule und Familie auseinander und bindet sie in ihre Arbeit ein.

Spannungsfeld Freiwilligkeit

Freiwilligkeit ist ein in vielen Tätigkeitsfeldern der Sozialen Arbeit grundlegendes Arbeitsprinzip. Das Angebot der Jugendhäuser richtet sich an alle Jugendlichen, in der mobilen Jugendarbeit steht der Grundsatz der aufsuchenden Arbeit für die Tatsache, dass die spezielle Zielgruppe gar nie das Angebot in Anspruch nehmen würde, wenn es nicht an sie herangetragen würde.

In der Schulsozialarbeit ist das Prinzip der Freiwilligkeit nicht ohne weiteres mit den oben geschilderten Fällen vergleichbar. Würde ein Gewalttäter nach einer Schlägerei freiwillig die Schulsozialarbeiterin aufsuchen, um mit ihr sein Verhalten zu reflektieren? Wie lange würde es dauern, bis eine Schülerin, die wegen Absenzen nur noch selten den Weg ins Schulhaus findet, den Schulsozialarbeiter aufsucht? Wieviel "Nichtstun" erträgt eine Schule, die sich für die Einführung der Schulsozialarbeit eingesetzt hat, dann aber feststellt, dass sich der Schulsozialarbeiter nicht um die kümmert, um die es ihr letztlich geht?

Die Diskussion um das Prinzip der Freiwilligkeit führt in der Praxis zu einem differenzierten Vorgehen. Im Rahmen der Individualhilfe wird zwischen der Anbahnung des Erstkontaktes und der Inanspruchnahme der Angebote der Schulsozialarbeit unterschieden. Während die Anbahnung des Erstkontaktes durchaus von einer Lehrkraft, einem Elternteil oder einer anderen Person initiiert werden kann, beruht die Inanspruchnahme jeglicher Angebote der Schulsozialarbeit generell auf freiwilliger Basis, das heisst, eine Schülerin/ein Schüler muss der Schulsozialarbeit explizit einen Auftrag erteilen (vgl. Abbildung 3, Seite 115).

Im Rahmen der sozialen Gruppenarbeit wird das Prinzip der Freiwilligkeit danach unterschieden, in welchem Rahmen die Gruppenarbeit durchgeführt wird. Findet die soziale Gruppenarbeit innerhalb der Schulzeit statt, sind die Schülerinnen und Schüler zur Teilnahme grundsätzlich verpflichtet, findet sie ausserhalb der Schulzeit statt, ist die Teilnahme freiwillig.

Im Falle des Gewalttäters kann es also durchaus sein, dass der betreffende Lehrer den Schüler dazu verpflichtet, mit ihm gemeinsam die Schulsozialarbeiterin aufzusuchen. Das kurze Gespräch oder die kurze Begegnung endet dann mit der Frage nach der Bereitschaft des Schülers, das Thema mit der Schulsozialarbeiterin weiter zu verfolgen. Lehnt der Schüler ab, so ist diese Entscheidung zu respektieren. Gleiches gilt für die Teilnahme an der sozialen Gruppenarbeit. Wenn eine Schülerin nicht an der Gruppenarbeit zum Thema Mobbing teilnehmen will (auch während der Unterrichtszeit), dann soll sie nicht dazu gezwungen werden.

Es kommt selten vor, dass eine Schülerin oder ein Schüler das Angebot der Schulsozialarbeit ausschlägt. Es zeigt sich immer wieder, dass Kinder und Jugendliche, auch wenn sie mit der Schulsozialarbeit einen ersten Kontakt eingehen mussten, zu Veränderungen bereit sind. Gewalttätige Kinder und Jugendliche fühlen sich nicht wirklich wohl in ihrer Situation. Vielmehr versuchen sie sich ein Gefühl von Stärke und Zugehörigkeit zu verschaffen, welches allerdings nur kurz anhält. Die Professionalität der Schulsozialarbeit ist an dieser Stelle besonders wichtig, denn es gilt, Kindern und Jugendlichen innert kurzer Zeit das Gefühl des Verstanden-Werdens und Akzeptiert-Seins zu geben.

Freiwilligkeit in der Schulsozialarbeit stellt nicht nur die Schüler/in-Schulsozialarbeiter/in-Interaktion auf die Probe, sondern ebenso die Schulsozialarbeiter/in-Lehrkräfte-Interaktion. Wie lange kann es dauern, bis sich eine Lehrkraft zugesteht, dass es Probleme in der Klasse gibt? Wie oft muss ein Schulsozialarbeiter fragen, ob er in der Klasse mit den Schülern zum Thema Laufbahnvorbereitung arbeiten kann, wenn er weiss, dass die Hälfte der Schüler kurz vor Schuljahresende noch keine Lehrstelle hat? Das Warten auf die freiwillige Inanspruchnahme der Angebote durch die Lehrkräfte ist ein Dilemma der Schulsozialarbeit. Durch ihre Präsenz vor Ort kann sie die Situation einzelner Schülerinnen und Schüler einschätzen. Infolge des Grundsatzes der Freiwilligkeit sind Lehrkräfte aber nicht verpflichtet, die Leistungen der Schulsozialarbeit in Anspruch zu nehmen. Eine Verpflichtung zur Zusammenarbeit zwischen Lehrkräften und Schulsozialarbeit hätte allerdings kaum Sinn. Würden die Lehrkräfte zur Zusammenarbeit verpflichtet, wäre damit keineswegs garantiert, dass eine Zusammenarbeit tatsächlich auch erfolgen würde. Die Situation einer Schülerin oder eines Schülers könnte ebenso gut verharmlost werden.

Die Frage wäre auch, ob die Zusammenarbeit reibungslos verliefe. Vielmehr ist anzunehmen, dass sich in der konkreten Zusammenarbeit Vorbehalte gegenüber der Schulsozialarbeit zeigen würden. Zudem müssten eindeutig definierte Kriterien formuliert werden, wann die Schulsozialarbeit zu benachrichtigen sei. Damit würden unter Umständen auch sonst frühzeitig bearbeitete Fälle erst zu einem späteren Zeitpunkt durch die Schulsozialarbeit behandelt, wenn nämlich die Kriterien erfüllt wären. Schliesslich wirkt sich eine Verpflichtung zur Zusammenarbeit negativ auf Vertrauen, Offenheit und Transparenz der Lehrkräfte gegenüber der Schulsozialarbeit aus, und die Schulsozialarbeit könnte als soziale Kontrollinstanz innerhalb der Schule empfunden werden. In diesem Zusammenhang ist die Bedeutung von Rektoraten und Schulhausleitungen hervorzuheben. Schulhausleitungen, die der Schulsozialarbeit gegenüber positiv eingestellt sind, vergrössern deren Handlungsspielraum und Akzeptanz im betreffenden Schulhaus. Rektorate, die die Tätigkeit der Schulsozialarbeit unterstützen, wirken positiv auf die Haltungen der Schulhausleitungen. Im Konfliktfall kann die jeweils höhere Hierarchieebene vermittelnd wirken.

Abbildung 3: Freiwilligkeit in der Einzelfallhilfe der Schulsozialarbeit - Ablaufdiagramm

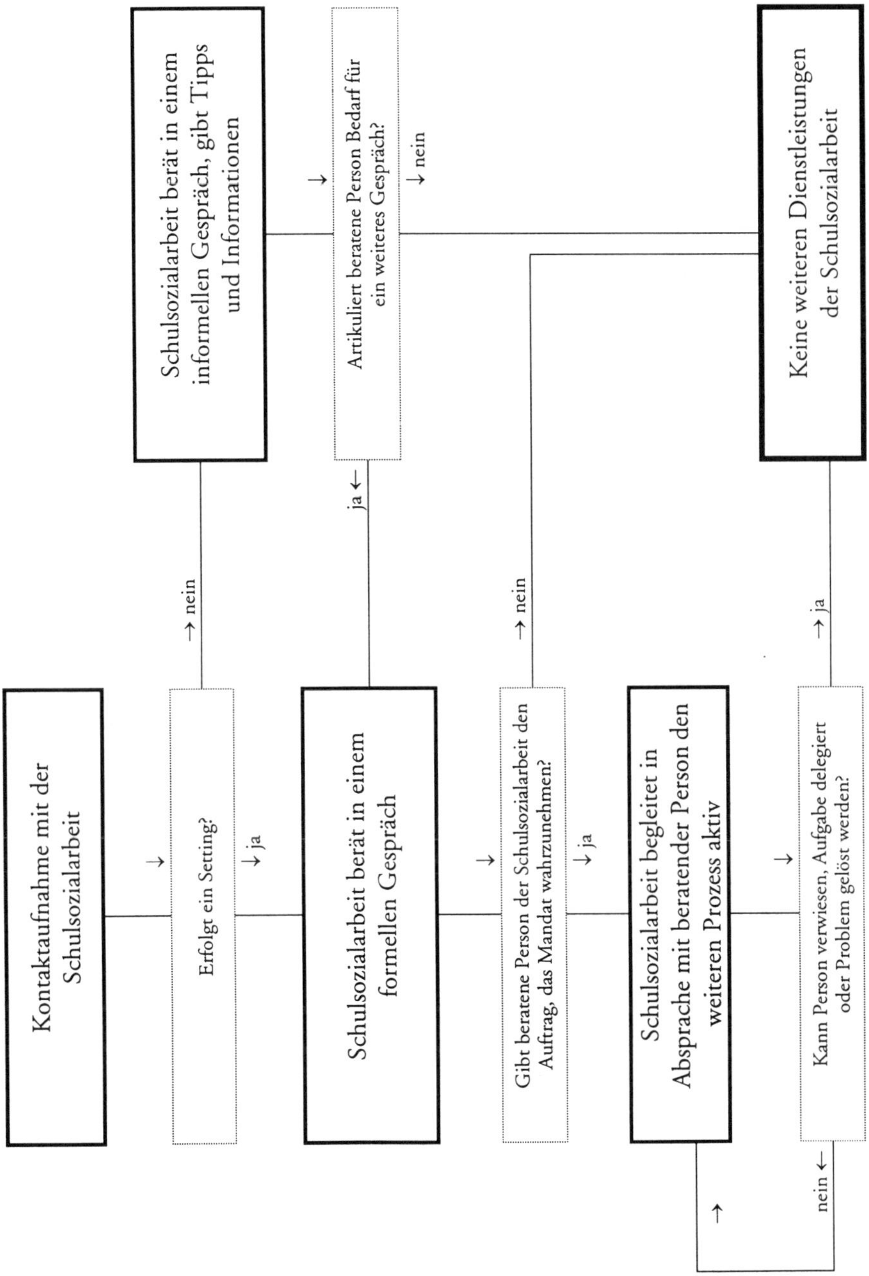

Zielgruppen

Wann immer Schulsozialarbeit in einem Schulhaus eingeführt wird, besteht die Erwartung, dass durch die Schulsozialarbeit Angebote für Schülerinnen und Schüler bereitgestellt werden. Welche Angebote dies sein können, variiert je nach Ausbildung der Stelleninhaberinnen und Stelleninhaber, dem Pflichtenheft der Schulsozialarbeit und den tatsächlichen Gegebenheiten vor Ort. So kommt es vor, dass an einem Standort die Einzelfallhilfe dominiert, an einem anderen die soziale Gruppenarbeit, die Projektarbeit oder die Gemeinwesenarbeit. In dem einen Schulhaus initiiert die Schulsozialarbeit ein Café für Schülerinnen und Schüler, in dem anderen Schulhaus wirkt sie bei der Schüler/innenzeitung mit. Nicht die Tätigkeitsfelder definieren die Professionalität Soziale Arbeit in der Schule, sondern ihre Methodenkompetenz und Orientierung an den Grundsätzen.

Bei der Zielgruppe Schülerinnen und Schüler verfolgt die Schulsozialarbeit drei generelle Zielsetzungen: Zum einen soll die individuelle und soziale Entwicklung der Persönlichkeit einer Schülerin oder eines Schülers gefördert werden. Zum anderen gilt es, die Problemlösungs- und Sozialkompetenz zu stärken. Schliesslich werden Kinder und Jugendliche in Krisen- oder Konfliktsituationen unterstützt. Neben der Einzelfallhilfe bei persönlichen und sozialen Problemen lernen Schülerinnen und Schüler in der Gruppe oder als Gruppe, persönliche und soziale Probleme zu bearbeiten. Durch die geleitete Gruppenarbeit werden sie unterstützt, miteinander über Themen des sozialen Zusammenlebens zu kommunizieren und dieses umzusetzen. Dies fördert die Wahrnehmung der Schülerinnen und Schüler sich selbst und anderen gegenüber. Solche Ziele lassen sich auf unterschiedlichsten Wegen erreichen: im Beratungsgespräch, in der Gruppenarbeit, bei Projektarbeiten, durch die Mitarbeit bei Klassenthemen und Schulhausprojekten oder durch den Aufbau von partizipativen Mitbestimmungsgremien der Schülerinnen und Schülern (wie einem Schülerrat). Festzuhalten ist, dass neben dem "sichtbaren, äusseren Anlass", etwa dem Aufbau eines Schülerrats oder dem Projekt zum Thema "Fremd sein", es immer auch eine zweite Ebene gibt, weshalb die Schulsozialarbeit an der Mitwirkung interessiert ist: Weil sich ihr Beziehungsangebot an alle Beteiligten im Schulalltag richtet und sie dadurch die Basis für Hilfestellungen schaffen kann.

Schulsozialarbeit ist aber nicht nur ein Angebot für Schülerinnen und Schüler. Auch Lehrkräfte erwarten von der Schulsozialarbeit Unterstützung und Entlastung bei der Arbeit mit Kindern und Jugendlichen in schwierigen Lebenslagen. Schulsozialarbeit unterstützt Lehrkräfte im Konfliktfall und in der Präventionsarbeit. Dazu bietet sie Hilfestellungen in verschiedener Form: In Gesprächen können sich Lehrkräfte und Schulsozialarbeiter/innen über gemeinsame Lösungswege beraten, während Schulhauskonferenzen können die Schulsozialarbeiter/innen auf wichtige Themen aufmerksam machen und Feedback zu gesamtschulischen Themen geben, bei Elterngesprächen kann moderierend gewirkt werden, im Falle von gefährdeten Schülerinnen und Schülern übernehmen die Schulsozialarbeiter/innen Vermittlungsfunktionen. Die schulsozialarbeiterische Tätigkeit ist in Bezug auf die Zusammenarbeit mit den Lehrkräften deutlich von der Arbeit mit den Schülerinnen und Schülern zu unterscheiden. Lehrkräfte sind keine Klientinnen oder Klienten der Schulsozialarbeit. Wenn ein Lehrer mit einer Schulsozialarbeiterin über Ursachen des Versagens eines Schülers im Unterricht nachdenkt, dann beraten sich zwei Fachpersonen aus unterschiedlichen disziplinären Richtungen über die Problemlage einer dritten Person.

Dennoch: Nicht selten werden die Schulsozialarbeiter/innen auch von Lehrkräften bei Schwierigkeiten im eigenen System Schule angefragt: Schulhausleitungen diskutieren mit dem Schulsozialarbeiter über das Vorgehen bei Fragen der Teamentwicklung. Einzelne Lehrkräfte finden in der Schulsozialarbeiterin ihren persönlichen Coach oder eine Person ihres Vertrauens. Das hat dazu geführt, dass in manchen Pflichtenheften der Schulsozialarbeit die Schulentwicklung als Tätigkeitsfeld aufgeführt wird.

Dass die Schulsozialarbeit den Bereich der Schulentwicklung als Tätigkeitsfeld definiert, widerspricht dem integrationsorientierten Konzept. Schulentwicklung ist der Diskurs der Schulpädagogik über neue Konzepte und Modelle einer sich verändernden Schule. Schulentwicklung ist eine Haltung, ein Denken und Handeln, nicht zuletzt von Lehrkräften vorangetrieben, die aus der eigenen Unterrichtserfahrung heraus Veränderungen vorschlagen. Was aber weiss die Soziale Arbeit über die Schwierigkeiten des Unterrichtens? Wie viele Argumente hat ein Sozialpädagoge, wenn er über die Nachteile des Frontalunterrichts diskutiert? Es kann nicht Aufgabe der Schulsozialarbeit sein, Lehrkräfte über didaktische Methoden und Unterrichtsformen aufzuklären. Schule und Schulsozialarbeit müssen sich vorab über die Zielsetzung ihrer Arbeit einigen (und die geht weit über das Schulegeben hinaus) und dann ein angemessenes Vorgehen vereinbaren. Arbeitsabsprachen und Vereinbarungen sichern die Zusammenarbeit und helfen, den Prozess immer wieder anzupassen. Wenn sich Schulsozialarbeit auch in Fragen der Schulentwicklung einmischt, dann macht sie sich zur heimlichen Führerin des Schulhauses. Und statt den Kontakt zu suchen, verstellt sich Schulsozialarbeit den Weg zu denjenigen Schulpädagoginnen und -pädagogen, die über neue Formen von Schule nachdenken. Der Schulpädagoge Reinhard Voss zeigt, wie sehr die zuvor aufgeführten Grundsätze einer Schulsozialarbeit auch von Seiten der Schulentwicklung thematisiert werden (Voss 1998:19ff.): "Kinder haben keinen altersabhängig beschränkten Zugang zu einem Wissen über eine vermeintlich 'objektive' Realität. Sie werden nicht zu Menschen gemacht, sondern entwickeln sich als solche, wobei ihre jeweils altersspezifischen Sichtweisen und Wirklichkeiten legitime Ausdrücke von unterschiedlich möglichen, gleichwertigen Wirklichkeitskonstruktionen sind." An anderer Stelle äussert sich Reinhard Voss über das Lehren: "Lehren ist ein kommunikativer Vorgang, bei dem der Lernförderer, Lernbegleiter, sich an die Erfahrungswelt des Lernenden ankoppeln sollte, um die Schüler zu neuen Handlungen anzuregen, die sie zum Aufbau neuer Konstruktionen von Wirklichkeit führen. Er modelliert Lernlandschaften, die nicht Lernen erzeugen sondern ermöglichen." Und zum Verständnis von Lehrkräften: "Lehrer regen Schüler zu einem personenbezogenen Wissensverständnis an, gemäss ihrer persönlichen Kompetenzen und Fähigkeiten, der Berücksichtigung ihrer je individuellen Erfahrungsbereiche und ihrer bereits vorhandenen Lösungsmöglichkeiten." Es wird deutlich, wie nah der Pädagoge Voss den Grundsätzen der Schulsozialarbeit ist (die ja auch häufig aus einem systemischen Verständnis heraus arbeitet). Was Voss als *entwickeln*, *berücksichtigen* oder *ankoppeln* bezeichnet, findet sich in den Grundsätzen der Schulsozialarbeit als *prozesshaft*, *ressourcenorientiert* oder *Beziehungskultur* wieder.

Auch wenn manche Schulsozialarbeiterin und mancher Schulsozialarbeiter lange suchen müssen, um gleichgesinnte Lehrkräfte in einem Kollegium zu finden: Es gibt sie. Vielleicht nicht immer in einer so exponierten Stellung wie Reinhard Voss. Impulse zur Schulentwicklung müssen in erster Linie von den Lehrkräften und ihren Institutionen erfolgen. Es ist kein primäres Tätigkeitfeld der Schulsozialarbeit. Das soll nicht heissen, das die schulsozialarbeiterische Tätigkeit nicht auch Auswirkungen auf die Schulentwicklung hat. Natürlich hat sie dies. Wenn lebensweltliche Themen vermehrt Einfluss auf das Schulleben erhalten oder wenn sich die Schule gegenüber den Vereinen im Stadtteil oder Quartier öffnet, dann hat die Schulsozialarbeit auch Impulse für die Schulentwicklung geliefert. Aber eben in Form eines Nebenproduktes.

Eltern erhalten von der Schulsozialarbeit Unterstützung in Krisensituationen. Dies kann in Form einer Beratung sein oder durch die Vermittlung an eine weiterführende Fachstelle. Obwohl Eltern eine herausragende Bedeutung beim Aufwachsen junger Menschen spielen, verfügen weder Schule noch Schulsozialarbeit derzeit über adäquate Methoden einer schulbezogenen Elternarbeit. Meist setzt Elternarbeit erst dort ein, wo Defizite und Probleme sichtbar werden, was es schwierig macht, Zugang zu den Betroffenen zu finden. Elterngespräche durch die

Lehrkräfte reichen bei weitem nicht aus, und entsprechen auch nicht unbedingt der Zielsetzung, Hilfestellungen in schwierigen Erziehungssituationen zu bieten. Elternberatung durch die behördliche Jugendhilfe erreicht emotional oft nur einen Teil der Eltern von schulmüden Schülerinnen und Schülern. Und auch die Androhung eines Bussgeldes für Eltern, die nicht aktiv am Schulgeschehen teilnehmen (wie es kürzlich in St. Gallen beschlossen wurde), signalisiert vielmehr Resignation als eine initiative Idee.

Elternarbeit müsste versuchen, in einem begleitenden Prozess Erziehungsthemen zu reflektieren. "Eltern bei der Wahrnehmung ihrer Erziehungsaufgaben zu unterstützen und die Wahrnehmung für die Bedürfnisse ihrer Kinder zu fördern", so könnte die Leitidee schulischer und schulsozialarbeiterischer Elternarbeit lauten. Schulsozialarbeit sollte Eltern dabei die gleichen Beziehungsangebote zur Verfügung stellen wie den Kindern und Jugendlichen. Und im Sinne einer ressourcenorientierten Elternarbeit sollte Schulsozialarbeit vermehrt gemeinsam mit der Schule versuchen, Kompetenzen und Stärken von Eltern ins Geschehen im Schulhaus einzubinden. Dann kann in Krisensituationen auf eine positiv besetzte Beziehung zurückgegriffen werden. Das kommt der Niederschwelligkeit von Beratungsangeboten sehr entgegen.

Es gibt Themen, die nicht nur die Schülerinnen und Schüler sowie die Lehrkräfte betreffen. Wo ein Schüler/innencafé entstehen soll, sind Öffnungszeiten mit dem Hausabwart zu koordinieren. Beim Thema Kommunikationsstrukturen innerhalb der Schule werden auch Sekretariatsangestellte einbezogen. Wann immer die Schulsozialarbeit bei solchen Generalthemen mitwirkt, richtet sie sich an alle Beteiligten im Schulalltag. Ihr wichtigstes Ziel dabei ist es, eine tragfähige Schulhauskultur zu fördern. Dies realisiert sie durch die Mitwirkung an der Vor- und Nachbereitung sowie Durchführung solcher Anlässe oder auch am "Mitnehmen" von Randthemen in ihre weiteren Aufgaben, etwa in Form der sozialen Gruppenarbeit.

Schulsozialarbeit ist ein junges Berufsfeld der Sozialen Arbeit. Entsprechend interessiert sind die Fachkräfte an der Verbreitung, Diskussion und Reflexion ihrer Grundsätze und Herangehensweisen sowie der praktischen Umsetzung. Schulsozialarbeit bietet durch Berichte, Vorträge oder Mitarbeit in anderen Projekten eine Plattform zum interdisziplinären Dialog.

Tabelle 18: Zielgruppen und Zielsetzung der Schulsozialarbeit: Überblick

Zielgruppe	Zielsetzung	Operationalisierung	Mögliche Tätigkeiten
Schüler/innen	Förderung der individuellen und sozialen Entwicklung der Persönlichkeit Stärkung und Unterstützung von Problemlösungskompetenz und Sozialkompetenz Unterstützung im Konfliktfall und in Krisensituationen	Schüler/innen erhalten niederschwellige Hilfestellungen bei persönlichen und sozialen Problemen. Schüler/innen lernen in der Gruppe oder als Gruppe, persönliche und soziale Probleme zu bearbeiten. Schüler/innen werden durch die Vermittlung an andere Helferorganisationen in Hilfsprozesse eingebunden. Schüler/innen werden in ihrer Wahrnehmung sich selbst und anderen gegenüber gefördert. Schüler/innen werden befähigt, miteinander über Themen des sozialen Zusammenlebens zu kommunizieren und diese einzuüben.	Beratungsgespräche, Motivationsarbeit, Triage Klassenprojekte Informationen über Hilfsangebote, Begleitung zu Helferorganisationen Mitarbeit bei Klassenthemen und Schulhausprojekten Mitarbeit im Schülerrat, bei Klassenprojekten, Lagern, Schulhausveranstaltungen
Lehrer/innen	Unterstützung im Konfliktfall und in der Präventionsarbeit	Lehrkräfte erhalten niederschwellige Hilfestellungen bei Problemen von und mit Schüler/innen. Lehrkräfte erhalten Unterstützung bei der Konzeption und Umsetzung von Präventionsanliegen. Lehrkräfte erhalten niederschwellige Hilfestellungen bei der Elternarbeit. Lehrkräfte werden bei der Inanspruchnahme von Hilfsangeboten anderer Helferorganisationen unterstützt.	Gespräche, Mitwirkung in Schulhauskonferenz Mitarbeit bei Generalthemen und Klassenprojekten Moderation von Elterngesprächen/Elternabenden Informationen über Hilfsangebote, Vermitteln von Kontakten

Tabelle 18: Fortsetzung

Beteiligte im Schulalltag*	Förderung einer positiven Schulhauskultur	Schulsozialarbeit wirkt mit bei der Arbeit mit Gruppen zu aktuellen sozialen Themen (mit Bezug zur Schulhauskultur). Schulsozialarbeit bietet themen- und/oder zielgruppenorientierte Gruppenarbeit an.	Schulhausprojekte (z.B. Schulcafé, Schulhofgestaltung), Schulhausveranstaltungen, Gemeinwesenarbeit
Eltern	Unterstützung in Krisensituationen	Eltern erhalten kurzfristig niederschwellige Hilfestellungen in Bezug auf ihre Kinder. Eltern werden durch Vermittlung an andere Helferorganisationen in Hilfsprozesse eingebunden.	Beratungsgespräche (evtl. unter Einbezug von Lehrkräften) Kontakte zu anderen Helferorganisationen herstellen
Helferorganisationen**	Zusammenarbeit/Vermittlung zum Wohle einer Schülerin/eines Schülers	Nach Bedarf sucht die Schulsozialarbeit eine fall- oder themenbezogene Zusammenarbeit mit den Helferorganisationen. Bei gegebener Indikation werden Fälle der Einzelhilfe von der Schulsozialarbeit an weiterführende Instanzen vermittelt.	Fallbesprechung, Projekte, schulhausbezogene oder -übergreifende thematische Austauschtreffen Übergabegespräch
(Fach-) Öffentlichkeit	Information, Dienstleistung	Die (Fach-)Öffentlichkeit wird über die Tätigkeiten periodisch informiert.	Berichte, Vorträge, Projektbegleitung, Mitarbeit in Gremien
Zielgruppe	**Zielsetzung**	**Operationalisierung**	**Mögliche Tätigkeiten**

* Schüler/innen, Lehrkräfte, Schulhausleitung, -sekretariat, -wartung, -dienste und andere Beteiligte im Schulalltag
** z.B. Vormundschaftsbehörde, Schulpsychologischer Dienst, Schulärztlicher Dienst, Ambulante Heilpädagogik, Familien- und Erziehungsberatungstellen

Arbeitsweisen der Schulsozialarbeit

Das integrationsorientierte Konzept der Schulsozialarbeit, das im vorherigen Kapitel diskutiert wurde, stellt die theoriegeleitete Zusammenarbeit der Schule aus Sicht der Jugendhilfe ins Zentrum. In welcher Form nun kann das Konzept umgesetzt werden? In diesem Kapitel sollen Herangehensweisen und Kooperationsstrukturen erläutert werden. Die Problemkreise Gewalt und Sucht gehören in vielen Schulhäusern heute zu den wichtigsten Herausforderungen. Sie dominieren häufig die Diskussion über die Einführung von Schulsozialarbeit. Daher wird in den Ausführungen wann immer möglich ein Bezug zu diesen Themen geschaffen.

Gewalt

Wir wissen sehr viel über Gewalt. Die grosse Zahl an Forschungen, Studien und Übersichtsarbeiten zeigt, wie sehr der Gewaltbegriff wissenschaftlich untersucht und für die Öffentlichkeit aufbereitet wurde.

Unter Gewalt werden gerichtete oder intentionale Verhaltensweisen zusammengefasst, die andere schädigen. Zu beachten ist, dass die Zuschreibung der Gewalt im Alltag vom Bezugssystem des Beurteilers sowie situativen und normativen Kriterien der Angemessenheit abhängt. (Lösel et al. 1990) Es besteht also ein Interpretationsspielraum bei der Frage: "Welches Verhalten ist gewalttätig?", der mit der Beantwortung weiterer Fragen wie: "Was ist normal?", "Was wird durch das Opfer toleriert?", "Was zeigt der soziale Kontext?" verknüpft ist. Dies ist in einem Schulhaus von besonderer Bedeutung. Nicht selten stellen wir selbst bei körperlichen Gewaltvorkommnissen völlig unterschiedliche Bewertungsmuster auf Seiten der Lehrkräfte, aber auch der Eltern fest. Während die einen eine Prügelei scharf verurteilen und sanktionieren, empören sich andere gar nicht über die Gewalt bei Jungen, da diese ohnehin lernen müssten, sich durchzusetzen. Die Nächsten schauen lieber weg als sich überhaupt mit dem konkreten Vorfall zu beschäftigen.

In der Gewaltdiskussion fehlt weitgehend die Trennschärfe zwischen gewalttätigem und aggressivem Verhalten. "Wir verstehen Gewalt als eine Teilmenge von Aggression", schreibt Friedrich Lösel. "Ein Verhalten wird dann als Aggression eingestuft, wenn ein gerichtetes Austeilen schädigender Reize erkannt wird; (...) 'Gewalt' wird (...) auf ausgeübte oder glaubwürdig angedrohte physische Aggression eingeschränkt, mit denen einem angezielten Objekt etwas gegen dessen Bedürfnisse, gegen dessen Willen geschieht; und nur jene Aggressionen, die mit relativer Macht einhergehen, sollen als Gewalt gelten."

Gewalt lässt sich aber nicht nur als eine körperliche Schädigung definieren. Es sind auch Verletzungen der psychischen Integrität, die Aberkennung oder Verweigerung gleicher Rechte wie auch die kulturelle Missachtung und Entwertung von Lebensformen (Entehrung, Entwürdigung). Gewalt bedeutet immer die Missachtung des anderen Willens, bedeutet immer - mittels unterschiedlicher Macht- und Ressourcenquellen - die Durchsetzung des eigenen Willens ohne Zustimmung des Anderen. (Helsper/Wenzel 1995)

Gewalt ist eine mögliche destruktive Interaktionsform zwischen und in gesellschaftlichen Gruppen. Gewalt als Kommunikationsform bedarf, anders als die verbale Beleidigung oder Bedrohung, keiner symbolischen Vermittlung, kann also über kulturelle Unterschiede hinweg verstanden werden. Physische Gewalt ist nahezu universell einsetzbar, und funktioniert gerade dort, wo Worte nicht mehr zur Verfügung stehen (Universalsprache).

Von Seiten der Koedukationsforschung wird auf den Zusammenhang von Gewalt und Geschlecht aufmerksam gemacht. Christa Hanetseder vom Pestalozzianum in Zürich verdeutlicht, dass 90 Prozent aller von Jugendlichen verübten Gewalttaten durch männliche Jugendliche begangen werden: "Zwischen 85 und 95% der verurteilten erwachsenen Straftäter sind Männer. Kein anderer demographischer Faktor - weder Schicht noch Nationalität noch Bildung noch Einkommen - korreliert in solch ausgeprägter Weise mit gewalttätigem Verhalten wie das Geschlecht. Alle Annäherungen, das Phänomen 'Gewalt' zu klären, wie es die vielen, teilweise höchst differenzierten Erklärungsmodelle versuchen, bleiben letztlich stecken und die Modelle vermögen kaum eine befriedigende Antwort auf die Frage zu geben: Warum reagieren Mädchen und Frauen in einer bedrohlichen, und unübersichtlichen Welt nicht ebenfalls mit handgreiflicher Gewalttätigkeit - und warum stellt Gewalt so häufig eine Verhaltensmöglichkeit für Jungen und Männer dar? Denn: auch Mädchen und Frauen sind - und dies in nicht geringem Ausmass - Verliererinnen der Leistungsgesellschaft (Armut, Arbeitslosigkeit); auch Mädchen und Frauen sind den Gefährdungen der Risikogesellschaft ausgesetzt und sehen sich mit Gefühlen der Angst, Ohnmacht und Hilflosigkeit konfrontiert; auch Mädchen haben in der Adoleszenz die Aufgabe zu bewältigen, die kindliche Identität in eine komplexere und erneuerte Erwachsenen-Identität umzubilden; auch Mädchen und Frauen leben in der Grossstadt und im urbanen Kulturraum und müssen einen Umgang finden mit Anonymität, Unverbindlichkeit, Individualisierung; auch Mädchen sind der Sozialisationsinstanz Familie ausgesetzt und Merkmale, die für Jungen unbekömmlich sind - z.B. sprachliche und emotionale Unterversorgung, 'Spagat-' und 'IC-Familien' - treffen auch das heranwachsende Mädchen (ganz zu schweigen von körperlichen und sexuellen Misshandlungen, denen weibliche Kinder bekanntlich in noch grösserem Ausmass ausgesetzt sind als männliche); auch Mädchen und Frauen konsumieren Medien, lesen Comics, Zeitungen und Zeitschriften, sehen Fernsehen und Video; auch Mädchen gehen zur Schule und spüren Leistungsdruck und Konkurrenzdenken. Aber alle diese individuellen und gesellschaftlichen Lebensrealitäten, unbefriedigenden Situationen, überfordernden Erwartungen und Widersprüchlichkeiten führen bei Frauen und Mädchen signifikant seltener zu offenen und versteckten Destruktionen und nach aussen entladenen Aggressionen." (Hanetseder 1997:54ff.)

Sucht

Bei Sucht handelt es sich um einen Prozess, welcher durch ein starkes Verlangen nach einer Veränderung der psychischen Befindlichkeit durch Drogeneinwirkung (oder andere Verhaltensweisen, die hier nicht weiter vertieft werden sollen) in Gang gesetzt und aufrechterhalten wird. Dieses Verlangen wird als Drang oder Zwang erlebt und ist meistens mit destruktiven Folgen (selbst- und/oder fremdschädigend) verbunden.

Die familiäre Situation für den Einstieg einer jugendlichen Person in den Drogenkonsum und die Wechselwirkung mit anderen Verhaltensauffälligkeiten sind bedeutend. Das österreichische Anton Proksch-Institut stellt fest, dass 43 Prozent ihrer suchtkranken Patientinnen und Patienten mindestens einen suchtkranken Elternteil haben. (Feselmayer/Beiglböck 1995) Nach Michael Klein (1986) zeigen Kinder aus alkoholabhängigen Familien signifikant häufiger Konzentrations-, Schlaf- und Sprachstörungen, aggressives Verhalten, Hypermotorik, Angstprobleme und psychosomatische Symptome als Kinder aus Familien ohne alkoholabhängige Mitglieder. Martin weist darauf hin, dass sich in Suchtfamilien 80 Prozent aller Teenagerselbstmorde häufen: Viele Phobiker kommen aus diesen Familien, die meisten Menschen mit Anorexie und Bulimie sind Kinder oder Enkel von Suchtkranken. Psychisch Kranke stammen vorrangig aus diesen Familienstrukturen. Ingrid Arenz-Greiving (1993) zeigt, dass je jünger ein Kind in der Zeit der akuten Suchtphase ist, desto gravierender die (Entwicklungs-)störungen sein werden. Andere Untersuchungen differenzieren zwischen den Auswirkungen väterlichen und mütterlichen Alkoholismus auf die betroffenen Kinder: Danach sind bei väterlichem Alkoholismus insbesondere Störungen des Sozialverhaltens beobachtbar, während bei mütterlichem Alkoholismus häufiger affektiv-emotionale Beeinträchtigungen (Angst, Depression) nachweisbar sind.

Als suchtmittelgefährdet im weitesten Sinne gelten auch Kinder und Jugendliche, die sich übermässig intensiv an Gleichaltrigengruppen orientieren, in denen Erfahrungen mit Drogen gemacht werden. Hier werden die Ursachen dafür in kindlichen Entwicklungsproblemen gekoppelt mit inadäquatem elterlichen Erziehungsverhalten gesucht.

Diese Untersuchungen lassen kaum allgemeingültige Rückschlüsse auf eine "typische" Familienstruktur von Suchtfamilien zu. Es ist die Dysfunktionalität von Rollen und Regeln, die Familien mit Suchtproblemen kennzeichnen, insbesondere beim Umgang mit Grenzen. Diese Grenzen werden häufig nach aussen zur Wahrung des Familiengeheimnisses sehr rigide gehandhabt. Innerhalb des Familiensystems finden Grenzüberschreitungen durch Übertragung von Verantwortungen und dem Missbrauch von Kindern als Partnerersatz statt. Kinder in solchen Familienkonstellationen haben meist Mühe, ihre eigenen Grenzen deutlich zu machen bzw. wahrzunehmen. Sie sind von Gefühlen wie Schuld, Scham und emotionaler Verlassenheit geprägt.

Diese Kinder übernehmen verschiedene Rollen und Verhaltensmuster, die sie in übertriebener Weise darstellen. Ob "Held/in", "Sündenbock", "verlorenes Kind" oder "Maskottchen": Es ist der Versuch, den eigenen Anteil am Familie-Erleben und Gefühlsleben auszudrücken. Diese Rollen frühzeitig zu erkennen und zu hinterfragen, ist eine wichtige Aufgabe präventiven Handelns.

Frühindikatoren

Die Jugendzeit wird in der Sucht- und Gewaltforschung immer wieder als die Einstiegsphase in bestimmte Gebrauchsmuster von legalen und illegalen Drogen und Gewaltmuster allgemein bezeichnet. Auf Grund von psychischen und sozialen Umstrukturierungen besteht eine hohe Krisenanfälligkeit. Die Altersgruppe der 12- bis 17-Jährigen steht ganz am Anfang der Phase des Übergangs zu jungen Erwachsenen. Wilhelm Burian bezeichnet es als "die grosse Herausforderung der Adoleszenz", die Affekte kontrolliert zu gebrauchen. Der Psychologe geht davon aus, dass eine gesunde Affektentwicklung zur differenzierten Verbalisierung führt. In der Adoleszenz soll die kindliche Bindung an die Eltern allmählich aufgegeben werden. Dieser Abschied gestattet es dem Jugendlichen, neue Liebesobjekte zu finden. Damit einhergehen muss die Fähigkeit, Trauer und Verluste zu ertragen. Der Jugendliche muss lernen, die ursprüngliche Funktion seiner Eltern selbst zu übernehmen, sich selbst zu kontrollieren und zu beruhigen.

Wichtige Aufgabe in dieser Zeit ist die Identitätsbildung, welche durch die Ablösung von den Eltern begünstigt wird. Es geht in dieser Phase darum, eine Balance zwischen selbstständigem Handeln und Kommunikation, zwischen Trennung und Bindung und zwischen Konflikt und Harmonie innerhalb der familiären Beziehungen herzustellen. Eine stabile Identität ist dabei von folgenden Gefühlen gekennzeichnet: dem Gefühl, im eigenen Körper zu Hause zu sein, dem Gefühl, seinen Weg zu kennen, und dem Gefühl, vom sozialen Umfeld angenommen zu sein.

Können die Krisen der Adoleszenz nicht ausreichend bewältigt werden, kann Gewalt- oder Suchtverhalten einen möglichen Ausweg bieten. Folgende psychische Beeinträchtigungen werden in der Forschung jugendlichen Gewalttäterinnen und Gewalttätern sowie Suchtkonsumentinnen und -konsumenten zugeordnet:

→ Mangel an Selbstwertgefühl
→ fehlende Ich-Fähigkeit
→ Mühe, Affekte wahrzunehmen und zu verbalisieren
→ diffuse Angst-, Ohnmachts-, Schuldgefühle
→ negatives Selbstbild.

Ihnen entsprechen jene Kriterien, die im Rahmen eines Systems zur Früherfassung zentral sind. An dieser Stelle sei nochmals betont, dass die obengenannten Beeinträchtigungen sowohl für ein späteres Suchtverhalten als auch für die Entwicklung aggressiven Verhaltens verantwortlich sein können. So weist Franz Petermann (1998) auf Entwicklungsverläufe und -ausgänge dissozialen Verhaltens im Jugendalter hin. Ein möglicher Verlauf beginnt mit der Entwicklung eines aggressiven Verhaltensspektrums und führt über dissoziales Verhalten zum Drogenmissbrauch.

Konsequenzen

Die Erkenntnisse aus der Wissenschaft zeigen in deutlicher Weise, wie komplex die Themen Gewalt und Sucht sind. Das macht es den Lehrkräften keineswegs leichter und fordert eine über die einzelne Person hinausgehenden Konsens bei der Frage der Haltung gegenüber Gewalt. Wer aufeinander einschlagende Schülerinnen trennt, ruft sie noch lange nicht zu einem Gespräch danach. Und wer zum Gespräch einlädt, dringt nicht immer zum Kern des Problems vor. Lehrkräfte intervenieren oft, doch die Intervention ist nur der erste Schritt. Viele Lehrkräfte fühlen sich überfordert und alleine gelassen mit der Problematik.

Im System Schule ist die Delegation von Verantwortung an Einzelne unverantwortlich. In einem Kollegium braucht es Vereinbarungen, Regeln und Absprachen. Und Kenntnis über die Haltung der anderen Lehrkräfte. Es gibt Untersuchungen, die belegen, dass Gewalt gerade dort einen Nährboden findet, wo das Kollegium keine transparente Haltung zeigt.

Hier liegen zentrale Herausforderungen für die Schulsozialarbeit. In Bezug auf die Schülerinnen und Schüler hat sie die Aufgabe, Gewalt und Sucht auf ihre eigentliche Bedeutung für die jungen Menschen hin zu bearbeiten. Mit den Lehrkräften gemeinsam müssen Schulsozialarbeiter/innen an einer Haltung im Umgang mit Gewalt und Sucht im Schulhaus arbeiten. In beiden Fällen - sowohl bei den Schülerinnen und Schülern als auch bei den Lehrerinnen und Lehrern - muss die Schulsozialarbeit dabei geschlechtsspezifische Aspekte berücksichtigen. Für diese Aufgabe stehen ihr insbesondere zwei methodische Arbeitsweisen zur Verfügung: die Beratung und die soziale Gruppenarbeit.

Beratung

In Beratungskontakt mit einem Schüler oder einer Schülerin kommen die Schulsozialarbeiter/innen entweder durch diese selbst oder durch die Vermittlung durch die Lehrkraft. In manchen Fällen spricht die Schulsozialarbeiterin oder der Schulsozialarbeiter die Schülerin oder den Schüler selbst an. Selten werden die Schulsozialarbeiter/innen von Eltern angesprochen.

Die sozialarbeiterische Beratung bezieht sich auf soziale Sachverhalte. Im Mittelpunkt der Problemanalyse, die die Sozialarbeit gemeinsam mit der Schülerin, dem Schüler oder einer Gruppe durchführt, stehen die unbefriedigenden sozialen Zusammenhänge. Wird beispielsweise ein Schüler von einer Lehrkraft wegen einer gewalttätigen Auseinandersetzung mit der Schulsozialarbeit in Kontakt gebracht, dann dominiert keinesfalls der Tathergang das Gespräch. Es kommt oftmals sogar vor, dass die eingangs gestellte Frage des Schulsozialarbeiters an den Schüler: "Weshalb glaubst du eigentlich, dass du hier bist?", gar nicht mit der Schilderung des aktuellen Vorfalls beantwortet wird. Nicht selten sagen die Schüler sehr viel allgemeinere Dinge wie "weil ich immer Stress habe mit dem Lehrer". Bereits an solchen Bemerkungen erkennt der Schulsozialarbeiter, dass auch beim Schüler nicht die eigentliche Gewalttat im Zentrum steht, sondern ein anderes Problem. Nicht, um sich der Verantwortung für das Tun zu entziehen, sondern weil der Schüler die Chance sieht, einer Person das "Thema hinter dem Thema", das eigentliche Problem, bekanntzugeben und Zugang zu seinen Gefühlen zu finden.

Auf Seiten der Schulsozialarbeit bedarf es grosser Professionalität, den Menschen gegenüber in seiner Andersartigkeit zu akzeptieren. Das fällt oft schwer, doch Schuldzuweisungen und Sanktionen werden dem Anliegen nicht gerecht. Es steht ihm sogar diametral entgegen. Vielmehr sollen die Jugendlichen ihre eigenen Anteile in Situationen erkennen lernen und sich so Handlungsspielräume erschliessen. Sie sollen sich als aktiv und nicht als Opfer erleben. Wo eine Schülerin auf die Frage: "Warum konsumierst du Haschisch in der Schule?" die Schuld für ihren Drogenkonsum dem Elternhaus zuschreibt, da schiebt sie die Verantwortung für ihr Tun auf andere ab. Genau das will die Schulsozialarbeit nicht. Im Zentrum des Hilfsprozesses steht die Auseinandersetzung mit der eigenen Person des Schülers bzw. der Schülerin. Nur mit dieser Einstellung kann die betroffene Person etwas verändern.

Das Zusammentreffen eines gewalttätigen oder Suchtmittel konsumierenden Jugendlichen mit einem Schulsozialarbeiter oder einer Schulsozialarbeiterin ist in vielen Fällen der Beginn eines Veränderungsprozesses. Es mag erstaunen, dass selbst diejenigen bereit sind, weiter an sich zu arbeiten, die aus Zwang einen ersten Beratungskontakt hatten. In diesem Prozess heissen die Herausforderungen: Die soziale Persönlichkeit der zu beratenden Person zu unterstützen und zu stärken sowie eine ressourcenorientierte Problemlösung herbeizuführen.

In vielen Fällen zeigt sich nach einem oder zwei Gesprächen mit einem Schüler, der gegen andere gewalttätig ist, eine deutliche Entspannung in der Klasse. Das melden viele Lehrkräfte zurück. Deren Situation hat sich damit entspannt, der Druck zur Veränderung ist auf Seiten der Lehrkraft gewichen. Doch die Aufgabe der Schulsozialarbeit beginnt eigentlich jetzt erst. Mangel an Selbstwertgefühl, die Mühe, Affekte wahrzunehmen und zu verbalisieren, oder ein negatives Selbstbild lassen sich nicht in ein bis zwei Begegnungen bearbeiten. Und sie lassen sich auch nicht nur durch die Arbeit mit dem einzelnen Schüler oder der einzelnen Schülerin thematisieren.

Aus den wissenschaftlichen Untersuchungen haben wir schlussfolgern können, dass Gewalt und Sucht viel mit dem Interagieren innerhalb eines Systems zu tun hat: der Familie, der Gleichaltrigengruppe oder dem Freund bzw. der Freundin. Damit wird auch deutlich, dass das Gespräch mit der Schülerin oder dem Schüler alleine noch nicht dem systemischen Ansatz der Schulsozialarbeit entspricht. In Fällen von Gewalt häufig und bei Beratungen von Suchtmittel konsumierenden Schülerinnen und Schülern fast immer gibt es weitere Kontakte. Schulsozialarbeit versucht dabei so früh wie möglich, andere Beteiligte des Systems einzubeziehen. Wo die Familie eine Rolle spielt, werden - sofern die Schülerin oder der Schüler zustimmt - die Eltern oder der betreffende Elternteil eingeladen. In anderen Fällen führt die Schulsozialarbeit Gespräche auch mit der Freundin oder dem Freund. Vereinbarungen versuchen, die jeweils erreichten Meilensteine evaluierbar zu machen. Und auch dann, wenn ein Prozess beendet zu sein scheint, vereinbart die Schulsozialarbeit oftmals nach ein bis zwei Monaten noch ein Treffen, um die Situation zu reflektieren.

Eine grosse Herausforderung für die Schulsozialarbeit im Zusammenhang mit der Einzelfallhilfe ist die Frage, wann der richtige Zeitpunkt kommt, um eine Person an eine Institution weiterzuleiten, die spezialisiert für das jeweilige Thema ist. Diese Frage lässt sich nicht generell beantworten. Wichtige Kooperationspartnerinnen und -partner der Schulsozialarbeit sind hierbei diejenigen Einrichtungen, die ebenfalls im Schulhaus präsent sind, also der Schulpsychologische Dienst und der Schulärztliche Dienst sowie Facheinrichtungen wie die Drogenberatung oder Erziehungsberatungsstellen. Der Schulpsychologische Dienst unterstützt die persönliche Entfaltung und seelische Gesundheit von Kindern und Jugendlichen sowie ihre Entwicklungs- und Leistungsfähigkeit mittels Untersuchung, Beurteilung, Beratung und Begleitung. Der Schulpsychologische Dienst ist im Zusammenhang mit der schulischen Laufbahn unter anderem zuständig für Empfehlungen zu Handen der Erziehungsberechtigten und der Schulbehörden. Im Zusammenhang mit der Hilfe für Kinder und Jugendliche in besonderen Lebenslagen nimmt der Schulpsychologische Dienst ferner Untersuchungen, Beratungen, Begleitungen, Kriseninterventionen sowie Vermittlung und Überweisung an Fachinstitutionen und Fachpersonen wahr. Für die Inanspruchnahme der Dienstleistungen des Schulpsychologischen Dienstes ist das Einverständnis der Eltern erforderlich. Hierin unterscheidet sich die Schulsozialarbeit grundsätzlich. Jede Schülerin und jeder Schüler kann die Schulsozialarbeit aufsuchen, wann immer dies für nötig befunden wird. Im Prinzip kehrt die Schulsozialarbeit das Prinzip vieler Beratungseinrichtungen um. Dorthin kommen Eltern und berichten von Problemen mit ihren Kindern. Im Falle der Schulsozialarbeit berichten Kinder von ihren Problemen und bereiten den Weg ins Elternhaus vor. Für die Arbeit mit Eltern ist damit eine grosse Herausforderung an die Schulsozialarbeit verbunden.

Der Schulärztliche Dienst ist gewöhnlich zuständig für Vorsorgeuntersuchungen und die Mitarbeit an Gesundheitsprojekten. Einzelfallarbeit in Form von vertrauensärztlichen Untersuchungen haben in den letzten Jahren zugenommen. Immer häufiger wird die Mitarbeit des Schulärztlichen Dienstes von Seiten der Schule gewünscht bei Verdacht auf sexuellen Missbrauch und Misshandlungen bei Kindern und Jugendlichen. Und auch die Untersuchungen bei psychosomatischen Problemen und bei Absentismus nehmen zu. Im Gegensatz zu den Leistungen der

Schulsozialarbeit und dem Schulpsychologischen Dienst kann die Untersuchung durch den Schulärztlichen Dienstes auch von der Schule angeordnet werden.

Die Zusammenarbeit mit den beiden Diensten ist für die Schulsozialarbeit angezeigt, da in wichtigen Bereichen alle drei Institutionen vergleichbare Ziele aus einer unterschiedlichen Professionalisierung zu erreichen versuchen. Nicht selten hat sich in den Beratungsgesprächen der Schulsozialarbeit gezeigt, dass diese auf Grund ihrer Präsenz im Schulhaus und der Niederschwelligkeit der Angebote als erste Institution von Schülerinnen und Schülern aufgesucht wird. Doch hinter Absentismus kann das 'normale Schuleschwänzen' ebenso stehen wie ein somatisches oder psychosoziales Problem, das einer psychologischen oder ärztlichen Abklärung bedarf. Ebenso kann es vorkommen, dass Schülerinnen und Schüler, die vom Schulpsychologischen Dienst oder vom Schulärztlichen Dienst betreut werden, weiterer Unterstützung durch die Schulsozialarbeit bedürfen.

Auf Seiten der Jugendhilfeeinrichtungen hat die behördliche Jugendhilfe Wichtigkeit für die Schulsozialarbeit, weil diese einen gesetzlichen Auftrag wahrnimmt. Jugendhilfeeinrichtungen vertreten die Kindesinteressen und unterstützen zu diesem Zweck die Eltern in ihren Erziehungsfunktionen (Erziehungsberatung, Bewältigung innerfamiliärer Konflikte, Organisation familienentlastender Massnahmen, Krisenintervention). Mit den Familien und anderen wichtigen Bezugspersonen wird eine kooperative Zusammenarbeit angestrebt. Das Instrumentarium der zivilrechtlichen Kindesschutzmassnahmen erlaubt es, Handlungskompetenzen von Eltern und Kindern bei Bedarf zu beschränken oder ersatzweise als Vormundschaftsbehörde wahrzunehmen.

Einige Schülerinnen und Schüler, die durch Gewalttätigkeit oder Suchtmittelkonsum auffallen, werden bereits von einer Institution begleitet. Häufig kommt es vor, dass in einem Schulhaus, in der die Schulsozialarbeit neu eingeführt wird, gerade Kinder und Jugendliche, die bereits in einen Hilfsprozess involviert sind, von den Lehrkräften an die Schulsozialarbeit verwiesen werden. Dahinter verbirgt sich die Hoffnung der Lehrkräfte, nun "endlich" eine akzeptable Lösung für alle Beteiligten gefunden zu haben. Nicht selten ist diese Delegation der Versuch, die Schulsozialarbeit auf den Prüfstand zu stellen. Tatsächlich kann auch die Schulsozialarbeit kurzfristig nur wenig erreichen in Fällen, in denen bereits mehrere Ämter involviert sind. In bestimmten Situationen ist eine Fallkonferenz, das heisst die Anwesenheit möglichst aller bisher beteiligten Helferorganisationen (z.B. Schulsozialarbeit, Schulpsychologischer Dienst, Schulärztlicher Dienst, Familien- und Erziehungsberatung, Vormundschaftsbehörde), den Institutionen der Schule (z.B. Schulleitung, Schulhausleitung, Lehrkräfte), der betroffenen Schülerin bzw. dem Schüler sowie den Bezugspersonen (z.B. Eltern), sinnvoll. Schulsozialarbeit muss sich dabei Klarheit verschaffen über die am Fall beteiligten Institutionen und deren bisheriges Vorgehen, sie muss eine Lösungsfindung unter Beteiligung der Schülerin oder des Schülers und der Bezugspersonen anregen und das weitere Vorgehen sowie jeweilige Verantwortlichkeiten definieren.

Schulsozialarbeit hat einen Beratungs- und Begleitungsauftrag. Es würde die Glaubwürdigkeit schulsozialarbeiterischer Tätigkeiten in Frage stellen und gegen das Prinzip der Niederschwelligkeit sein, wenn eine Schülerin oder ein Schüler damit rechnen müsste, dass der Weg von der freiwilligen Beratung zur angeordneten Massnahme (etwa im Rahmen einer Fallkonferenz) massgeblich durch die Schulsozialarbeit initiiert und mitbestimmt wird und Informationen ohne Einwilligung weitergegeben werden. Es gilt, diese Vertrauensposition auch bei Fallkonferenzen zu wahren und die Form auf die jeweiligen Bedürfnisse abzustimmen.

Welche Rolle spielen die Lehrkräfte im Rahmen der Einzelfallhilfe? Wenn eine Schülerin oder ein Schüler die Schulsozialarbeit aus eigenem Antrieb aufsucht, wird die Lehrkraft, solange die beratene Person dies nicht wünscht, nicht in den Prozess eingebunden. Im Falle, dass die Lehrkraft den Kontakt zur Schulsozialarbeit angebahnt hat, trägt sie einen Teil der Verantwortung, es kann von einem koordinierten Vorgehen zwischen Schulsozialarbeit und Schule gesprochen werden. Selbstverständlich übernimmt die Schulsozialarbeiterin den wesentlichen Teil der Beratung und Begleitung, doch die Lehrkraft ist deshalb noch lange nicht aus dem Prozess ausgeschlossen. Schulsozialarbeit handelt systemisch und insofern wird auch die Lehrkraft als eine Bezugsperson eingebunden. Beispielsweise ist die Suchtmittel konsumierende Schülerin oder der gewalttätige Schüler täglich im Unterricht anwesend. Damit wird deutlich, dass die Lehrkräfte, wenn sie den Kontakt zur Schulsozialarbeit hergestellt haben, Mitverantwortung für den begleitenden Prozess haben. Dennoch haben sie das Recht, Verantwortung abzugeben und Entlastung zu schaffen.

Die Dauer von Beratungen innerhalb der Problembereiche Gewalt und Drogen ist sehr unterschiedlich. Viele Schülerinnen und Schüler experimentieren mit Drogen. Die Lust, einmal einen Joint zu rauchen, und das Wissen, gegen eine Regel zu verstossen, motivieren. Solche Schülerinnen und Schüler registrieren die verantwortungsvolle Art, mit der die Lehrkräfte und die Schulsozialarbeiter/innen dem Suchtmittelkonsum begegnen. Mit der Aufmerksamkeit, die ihnen die Erwachsenenwelt schenkt, haben die Jugendlichen ihr Ziel erreicht. Viele von ihnen beenden den Konsum innert Kürze, der offizielle Beratungskontakt kann beendet werden. Gelegentliche informelle Gespräche der Schulsozialarbeiterin oder des Schulsozialarbeiters halten die Beziehung aufrecht.

Weitaus weniger Jugendliche gehören zur Gruppe derjenigen, die bereits Symptome einer Abhängigkeit von Suchtmitteln zeigen. Ihr Beratungsprozess ist dementsprechend länger. In aller Regel wird versucht, die Jugendlichen zu motivieren, mit anderen Fachstellen, wie der Drogenberatung, Kontakt aufzunehmen. In vielen Fällen werden die Eltern oder Bezugspersonen in den Prozess einbezogen.

Ähnliches gilt für Kinder und Jugendliche, die gewalttätig waren. Wer Grenzen testen wollte, dem reicht die Erfahrung, von Schule und Jugendhilfe ernst genommen zu werden. Wer dagegen wiederholt gewalttätig handelt, bei dem wird ein längerfristiger Beratungsprozess sinnvoll, und je nachdem ist eine Verweisung an eine andere Stelle notwendig.

Soziale Gruppenarbeit

Anlass für eine soziale Gruppenarbeit ist in der Regel die Anfrage einer Lehrkraft. Die Gründe für die Anfrage sind unterschiedlich und reichen von Mobbing, Sucht, Konflikten allgemein oder einfach vom 'Klima in einer Klasse' bis zur Laufbahnvorbereitung. Die Schulsozialarbeit gestaltet die Gruppenzusammensetzung je nach Thema: Im einen Fall setzt sie sich mit der gesamten Klasse zusammen, in einem anderen Fall nur mit einem Teil der Klasse. Bei den Themen Gewalt und Sucht wird zudem geschlechtsspezifisch gearbeitet.

Warum hat die soziale Gruppenarbeit einen grossen Stellenwert im schulsozialarbeiterischen Schaffen? Gruppen haben eine sozialisationsrelevante Funktion. Beim Thema Gewalt finden sich in einer Gruppe die Täter wie die Opfer, die heimlichen wie die offiziellen Führerinnen und Führer, die opinion leaders. In Jungen- oder Mädchengruppen können Themen geschlechtsspezifisch bearbeitet werden. Die Gruppenmitglieder selbst sind dabei wertvolle Reflexionspersonen. Gleichaltrige geben Gleichaltrigen eine Rückmeldung auf ihre Person und ihr soziales Verhalten. Damit trägt die soziale Gruppenarbeit zur Enttabuisierung und konstruktiven Bearbeitung von Themen wie Gewalt und Sucht in der Gleichaltrigengruppe bei. Die Gruppenmitglieder haben die Möglichkeit, Gefühle und Befindlichkeiten anzusprechen, werden gehört von der ganzen Gruppe, erhalten Raum für ihre persönlichen Anliegen. Gleichzeitig erfahren sie, dass andere sich in ähnlichen Situationen befinden, fühlen sich also nicht mehr allein, können sich öffnen und austauschen. So können sie lernen, ihre innere Welt intensiver wahrzunehmen, zu integrieren und mitzuteilen - ein wichtiger Schritt auf dem Weg zu einer konstruktiven Kommunikation und echten, hilfreichen Beziehungen innerhalb der Gruppe.

Zudem nimmt die Veränderungsbereitschaft eines Jugendlichen zu, wenn neben Erwachsenen auch die Gleichaltrigen einbezogen werden - eine weiterer wichtiger Grund, der für die soziale Gruppenarbeit spricht. Die Schülerinnen und Schüler finden in der Schulsozialarbeiterin bzw. dem Schulsozialarbeiter eine Person, die den Gruppenprozess wachsam begleitet, Impulse zu einem offenen Umgang gibt und eine Atmosphäre des Vertrauens schafft. Häufig verändert sich die Dynamik in der Gruppe auf Grund des offenen Umgangs mit Problemen.

Konkret vereinbaren Schulsozialarbeiterin bzw. Schulsozialarbeiter und Lehrkraft vor einer Gruppenarbeit ein gemeinsames Vorgehen in einem Vorgespräch (Abbildung 4). Hier werden die Ziele allgemein und die Aufgabe der Schulsozialarbeit definiert. Die Lehrkraft stellt den Schülerinnen und Schülern das Ziel der Aktivität vor und verdeutlicht dabei die Rolle der Schulsozialarbeit. Zwischenbesprechungen dienen der Standortbestimmung.

Während der Gruppenarbeit ist die Lehrkraft zumeist nicht anwesend. Grössere Gruppen werden durch zwei Fachkräfte der Schulsozialarbeit geleitet. Nach Abschluss findet ein Auswertungsgespräch statt, bei dem die Fragen nach der Zielerreichung und dem Gruppenprozess beantwortet werden.

In Basel wird ein Konzept der sozialen Gruppenarbeit erprobt, das in Workshops aufgebaut ist. Während zwei bis drei Workshops à zwei Lektionen in der Unterrichtszeit im Abstand einiger Tage arbeiten zwei Fachkräfte der Schulsozialarbeit mit den Jugendlichen im Alter zwischen 14 und 16 Jahren. Bei den Themen Sucht und Gewalt wird nur mit den Jungen oder nur mit den Mädchen gearbeitet. Die Leitenden haben jeweils das gleiche Geschlecht wie die Gruppenmitglieder. Steuerungstechniken wie Sitzordnung oder Moderationswechsel tragen dazu bei, dass die Leitenden wichtige gruppendynamische Prozesse in der Gruppe wahrnehmen können. Kommunikationsregeln (z.B. ausreden lassen, für sich selbst sprechen) ermöglichen, die Beiträge der Einzelnen wertzuschätzen. In einer Gruppe wird - auch bei einem konkreten Gewaltvorfall - nie nach Schuldigen oder Täterinnen und Tätern gefragt. Im Zentrum steht die Gefühlsarbeit. Die Jugendlichen sollen Raum haben, darüber nachzudenken und auszutauschen, inwieweit sie das Thema betrifft oder ob sie vergleichbare Situationen bereits erlebt haben und wie sie sich in dieser Situation fühlten.

Abbildung 4: Soziale Gruppenarbeit - Ablaufschema

Lehrkraft fragt die Schulsozialarbeiter/in für eine soziale Gruppenarbeit an.

↓

Vorgespräch zwischen Lehrkraft und Schulsozialarbeiter/in
- Definition des Ziels
- Definition der Aufgabe der Schulsozialarbeit
- Strukturierung des konkreten Vorhabens

↓

Lehrkraft und Schulsozialarbeiter/in stellen den Schülerinnen und Schülern die Aktivität vor und verdeutlichen die Rolle der Schulsozialarbeit dabei.

bei sozia-ler Grup-penarbeit	Schulsozialarbeiter/in führt die soziale Gruppenarbeit mit allen Schülerinnen und Schülern einer Klasse oder einer Gruppe durch. Bei Themen wie Gewalt und Drogen wird geschlechtergetrennt gearbeitet.

↓

Lehrkraft und Schulsozialarbeiter/in führen ein Auswertungsgespräch. Wichtige Fragestellungen:
- Sind die definierten Ziele erreicht?
- Wie hat sich der Gruppenprozess entwickelt?
- Sind weitere Handlungsfelder zu definieren?

↓

bei Unterrichtsbesuch / Krisenintervention in der Klasse	Lehrkraft und Schulsozialarbeiter/in bereiten ein Auswertungsgespräch mit der Klasse vor. Ziele dieses Auswertungsgespräches: • Klasse über o.g. Ergebnisse des Auswertungsgesprächs informieren • Der Klasse ein Feedback ermöglichen • formulierte Handlungsfelder vorstellen ↓ Lehrkraft und Schulsozialarbeiter/in führen ein Auswertungsgespräch mit der Klasse. Ziele dieses Gespräches: • Rückmeldungen aufnehmen • weiteres Vorgehen festlegen

In vielen Fällen wird in einer sozialen Gruppenarbeit, auch wenn diese von der Lehrkraft zum Thema Gewalt angekündigt wurde, letztlich über das Selbstkonzept einer jeden teilnehmenden Person gesprochen. Veränderungen können bereits zwischen den einzelnen Sitzungen festgestellt werden. Durch die Schaffung einer Atmosphäre der Offenheit und des Vertrauens innerhalb der Gruppe können emotionale Inhalte geäussert werden. Es wird zum Beispiel möglich, über Rollen der Einzelnen zu sprechen. Dadurch können einzelne Schülerinnen und Schüler ihre Rolle in der Klasse ("der Schläger", "die Einzelgängerin") ablegen. Wo dies im Anschluss an die Gruppenarbeit geschieht, teilen dies die Betroffenen der Schulsozialarbeiterin oder dem Schulsozialarbeiter oft in einem Seitengespräch mit. Von der Professionalität der Schulsozialarbeiter/innen hängt es ab, ob diese Bemerkungen ernst genommen werden. Dann würde die Schulsozialarbeiterin/der Schulsozialarbeiter anbieten, nochmals im Zweiergespräch über die Veränderungen nachzudenken. Hier nutzt die Schulsozialarbeit die Methode der Einzelfallhilfe und begleitet wo nötig den weiteren Prozess.

In der zweiten Gruppensitzung wird auf die Veränderungen seit der ersten Sitzung Bezug genommen. Selten geht es in der zweiten Sitzung noch um das ursprüngliche Thema. Sogar die Schülerinnen und Schüler wissen oftmals nicht mehr, warum sie von der Lehrkraft zur sozialen Gruppenarbeit verpflichtet wurden. Im Zentrum der zweiten Sitzung steht die Arbeit an den Stärken und Fähigkeiten der Einzelnen. Die Teilnehmenden werden aufgefordert, den anderen mitzuteilen, was sie besonders gut können. Gerade für Jugendliche, die sich im Prozess der Abgrenzung und der Neuorientierung befinden, ist dies keine leichte Aufgabe, reagiert die Erwachsenenwelt doch oft negativ und ablehnend auf sie und macht sie häufig auf Schwächen aufmerksam. Die offene Atmosphäre in der Gruppe, das Aufeinander-Eingehen, die Auseinandersetzung mit den eigenen Stärken und Fähigkeiten führen dazu, dass sich die Jugendlichen am Ende des zweiten Workshops in ihrer Person bestärkt fühlen, ihre positiven Seiten besser kennen und so bewusster Verantwortung für ihr eigenes Tun übernehmen können.

Strukturelle Kooperation

Im Rahmen der Einzelfallhilfe finden gerade Kinder und Jugendliche mit Drogen- und Gewaltproblemen Unterstützung. Innerhalb der sozialen Gruppenarbeit kann die Dynamik der Gleichaltrigengruppe genutzt werden, um sozialisationsrelevante Themen mit mehreren Personen zu bearbeiten.

Eine formalisierte und institutionalisierte Zusammenarbeit zwischen Schule und Jugendhilfe braucht aber nicht nur die Kooperation zwischen Lehrkräften und Schulsozialarbeit im jeweiligen Schulhaus. Wir haben festgestellt, dass die Erfolge der Schulsozialarbeit dort besonders nachhaltig sind, wo Strukturen geschaffen werden, die die Zusammenarbeit fördern. Es braucht eine Struktur, in die sowohl die Einzelfallhilfe als auch die soziale Gruppenarbeit eingebettet sind. Diese Struktur muss sicherstellen, dass eine Kooperation zu Gunsten der Kinder und Jugendlichen wann immer möglich gefördert wird.

In Schulhäusern, in denen die Schulsozialarbeit nicht präsent ist, wenden sich die Lehrkräfte bezüglich Schülerinnen und Schülern, bei denen sie psychosoziale Belastungen vermuten oder bereits erste Anzeichen dafür erkennen, an die behördliche Jugendhilfe. Im Rahmen einer Meldung über die Gefährdung einer Schülerin oder eines Schülers ("Gefährdungsmeldung") wird die Verantwortung für das weitere Vorgehen von der Lehrkraft an die gesetzlichen Institutionen des Jugendschutzes weitergeleitet. Als Handlungsfeld der Jugendhilfe setzt Schulsozialarbeit hier an und erweitert die Optionen für die Lehrkräfte. Abbildung 5 verdeutlicht die Angebote der Schulsozialarbeit, wie sie strukturell in Basel verankert sind.

Im Rahmen der Gefährdungsmeldung bietet Schulsozialarbeit ein Beratungs- und Begleitungsangebot schwerpunktmässig für die Personen innerhalb des Schulhauses: Schülerinnen und Schüler, Lehrkräfte, Schulhausvorstand, Schulleitung und Eltern können diese Dienstleistung bei Bedarf in Anspruch nehmen. Ebenfalls richten sich die Angebote der Schulsozialarbeit an alle Helferorganisationen, die in einer ersten Phase mit Beratung, Unterstützung oder Vorabklärungen beauftragt wurden (z.B. Schulpsychologischer Dienst, Schulärztlicher Dienst, Jugendamt). Sobald im Rahmen einer Gefährdungsmeldung Abklärungen auf externer Ebene erfolgen, beschränkt sich die Zusammenarbeit der Schulsozialarbeit auf das Jugendamt als kooperierende Instanz. Der Fall wird somit von der Schulsozialarbeit über das Rektorat an die behördliche Jugendhilfe abgegeben, worüber die Schülerinnen und Schüler sowie deren Eltern in Kenntnis gesetzt werden. Die Schulsozialarbeit kann vom Jugendamt um weitere Dienstleistungen gebeten werden.

Abbildung 5:
Zusammenarbeit zwischen Schule, Sozialarbeit, Eltern und Jugendhilfe bei der Gefährdung eines Kindes

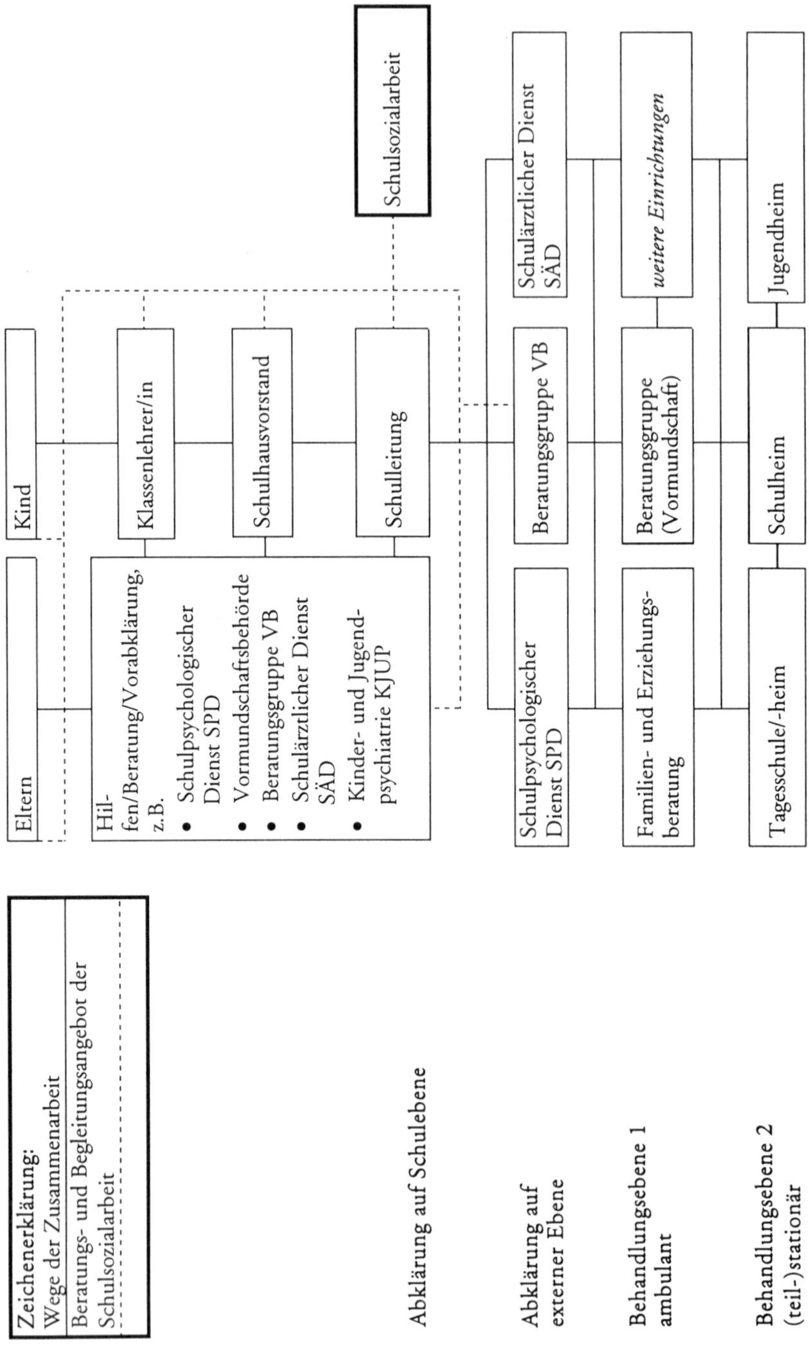

Auch wenn die Schulsozialarbeit im Rahmen einer Gefährdungsmeldung aktiv wird, so ist die Inanspruchnahme der Dienstleitungen stets freiwillig. Eine Lehrkraft kann durchaus direkt den Weg zur behördlichen Jugendhilfe gehen, also eine Gefährdungsmeldung ausfüllen, ohne vorher mit der Schulsozialarbeit in Kontakt getreten zu sein. Dieser Weg ist allerdings unbefriedigend und nutzt mögliche Synergien nicht. Daher empfiehlt es sich, von Seiten der Schulverantwortlichen auf die Inanspruchnahme der Schulsozialarbeit hinzuweisen und diese zu empfehlen. In diesem Zusammenhang sprechen wir von *Stufen der Freiwilligkeit* (Abbildung 6): An drei Stellen innerhalb der Institution Schule (Lehrkraft, Schulhausleitung, Rektorat) sowie beim behördlichen Kindes- und Jugendschutz (Intake) wird auf die Möglichkeit hingewiesen, die Schulsozialarbeit auf freiwilliger Basis einzubeziehen. Es versteht sich von selbst, dass eine möglichst frühzeitige Zusammenarbeit mit der Schulsozialarbeit am effektivsten für den weiteren Verlauf sein dürfte.

Abbildung 6: Ablaufschema Gefährdungsmeldung und Beitrag der Schulsozialarbeit

Ein Kind in der Klasse weist Probleme auf (z.B. Schwänzen, Verwahrlosung, Verdacht auf Misshandlung usw.).	Lehrkraft prüft Kontaktaufnahme mit der SSA.
	Kontaktaufnahme mit der Schulsozialarbeit durch die Lehrkraft (Stufe 1)
Klassenlehrkraft leitet die Abklärung auf Schulebene ein (durch Schulhausleitung): • Elternkontakt/-gespräch • Beizug von Abklärungsstellen • Hilfen/Behandlung.	Auf Wunsch der Lehrkraft steht die SSA beratend zur Verfügung und nimmt nach Absprache an Elterngesprächen u.ä. teil. Schulhausleitung prüft Kontaktaufnahme mit der SSA.
	Kontaktaufnahme mit der Schulsozialarbeit durch die Schulhausleitung (Stufe 2)
Kommt keine Einigung zustande oder verweigern die Eltern die Zusammenarbeit oder die Annahme von Hilfen bzw. brechen sie die Behandlung ab: • Schriftliche Meldung der Lehrkraft via Schulhausleitung an die Schulleitung (unter Angabe aller bereits durchgeführten Massnahmen).	Schulleitung prüft Kontaktaufnahme mit der SSA.
	Kontaktaufnahme mit der Schulsozialarbeit durch die Schulleitung (Stufe 3)
Die Schulleitung entscheidet über die weiteren Massnahmen und macht gegebenenfalls eine Gefährdungsmeldung an die Vormundschaftsbehörde.	Falls die SSA von der Lehrkraft beigezogen wurde, informiert sich die Schulleitung bei der SSA über deren Massnahmen und Einschätzung.
Abklärung durch die Vormundschaftsbehörde (Intake).	
Sobald die Vormundschaftsbehörde (Intake) eine Gefährdungsmeldung erhält, ist sie für die umfassende Abklärung der Situation zuständig. Das Intake • nimmt Kontakt mit der Schule (Lehrkräfte/Schulleitung) und den Eltern auf,	

Fortsetzung: Abbildung 6

- holt einen Lehrer/innenbericht ein, sofern dieser nicht schon der Gefährdungsmeldung beiliegt,
- erkundigt sich, ob SPD oder SSA bereits tätig geworden sind und
- veranlasst gegebenenfalls ein Gutachten durch SPD, KJUP, die Familien- und Erziehungsberatung, einen frei praktizierenden Psychiater oder Psychologen.

Gleichzeitig prüft es die erforderlichen (zivilrechtlichen) Massnahmen und leitet diese - je nach Dringlichkeit - ein. Das Intake klärt ferner ab, ob der Fall an eine andere nichtstaatliche Beratungsstelle oder an die Beratungsgruppe der Vormundschaftsbehörde weiterzugeben ist und orientiert den Anzeigesteller.

Falls die SSA in den Fall einbezogen war, wird sie durch das Intake zu einer gemeinsamen Sitzung eingeladen. Die SSA gibt eine Einschätzung des Falls und spricht mögliche weitere Schritte ihrerseits mit dem Intake ab.

Behandlung
Die den Fall führende Instanz kooperiert eng mit den Eltern, der Schule, allfälligen Therapeuten, bei (teil-)stationären Massnahmen mit der betreffenden Einrichtung.

Falls die SSA in den Fall einbezogen war, wird auch sie in gleichem Masse durch die den Fall führende Instanz informiert.

Falls die SSA beigezogen wurde, beraten SSA und zuständige Lehrkraft über mögliche weitere Aktivitäten im Zusammenhang mit dem Fall (z.B. nochmalige oder erstmalige Thematisierung im Unterricht, Besprechung mit Stammgruppe).

Zeitachse

Abkürzungen:

SSA = Schulsozialarbeit

SPD = Schulpsychologischer Dienst

KJUP = Kinder- und Jugendpsychiatrischer Dienst der Universitätsklinik

Ausblick: Ein neues Selbstbewusstsein

Schule und Jugendhilfe sind die wichtigsten Einrichtungen öffentlicher Erziehung und Erziehungshilfen. Seit der Einführung der allgemeinen Schulpflicht einerseits und der gesellschaftlichen Organisation der Jugendfürsorge andererseits ergänzen diese beiden Einrichtungen die Erziehung innerhalb der familiären Struktur. Angesichts der Veränderungen in unserer Gesellschaft wird die Zusammenarbeit von Schule und Jugendhilfe in Zukunft grössere Bedeutung erlangen und je nach Situation ergänzenden, kompensierenden oder ersetzenden Charakter haben.

Wie gut diese Zusammenarbeit funktionieren kann und welchen Beitrag Schule und Jugendhilfe damit letztlich für die Entwicklungsbedingungen junger Menschen leisten, hängt von der Veränderungsbereitschaft und -fähigkeit der beiden Einrichtungen ab. Dabei gilt keineswegs der Zusammenhang, dass dort, wo die Probleme gravierender sind, grössere Veränderungen stattfinden. Schulen, in denen der Unterricht kaum noch durchführbar ist, zeigen oft einen erstaunlichen Durchhaltewillen und eine hohe Akzeptanz gegenüber ihrer eigentlich schwierigen Situation. Für die Schulsozialarbeit andererseits müssen Argumentarien erarbeitet werden, die innerhalb der Sozialen Dienste rechtfertigen, eine scheinbar teure Massnahme einzuführen. Vergleichsrechnungen zwischen den Jahresbudgets der Schulsozialarbeit und den Tagespauschalen einer Heimplatzierung (bereits die Verhinderung einer Fremdplazierung würde Kostenersparnisse in Höhe von rund einem Jahressalär einer Schulsozialarbeiterin/eines Schulsozialarbeiters zur Folge haben) werden nicht immer akzeptiert.

Für mich gibt es vier Bereiche, in denen sich die Zukunft des Kooperationsmodells Schulsozialarbeit entscheiden wird: Da ist zum ersten die Herausforderung einer vertieften theoretischen Fundierung. Zum zweiten bedarf es einer praktischen Konkretisierung des schulsozialarbeiterischen Handelns, und hier insbesondere der Entwicklung von adäquaten Methoden. Drittens wird Schulsozialarbeit professioneller Unterstützung von Seiten der angewandten Forschung bedürfen, wozu Konzepte entwickelt werden müssen. Schliesslich ist als vierter Punkt die Frage nach der Qualitätsentwicklung und dem Controlling von Schulsozialarbeit gerade erst gestellt. Was aber zeichnet die Qualität von Schulsozialarbeit aus? Ich will diese Punkte im folgenden andiskutieren.

Ich habe bereits an mehreren Stellen deutlich zu machen versucht, dass Schulsozialarbeit aus Sicht der Jugendhilfe ein eigenständiges Handlungsfeld darstellt. Dieses Handlungsfeld bedarf einer theoretischen Verknüpfung mit Forschungen zum sozialen Wandel. In den jüngsten Veröffentlichungen wird schulsozialarbeiterisches Schaffen immer aus dem Defizit begründet, dass Schule den heutigen Lebensrealitäten nicht adäquat begegnen kann. Selten wird das Handlungsfeld Schulsozialarbeit aus einem Wandel im Verständnis der Erziehungshilfen begründet. Dieses taucht allenfalls bei konkreten Projektbeschreibungen in Form der Überlastung der Sozialen Dienste auf. Damit vergibt Schulsozialarbeit die Chance auf ein eigenständiges Entwicklungsprofil. Welche Rolle spielt der soziale Wandel für die Jugendhilfe? Wie wirkt die Änderung im Erziehungsverhalten von Schule und Elternhaus auf die Einrichtungen, die sich zum Ziel setzen, die Erziehung zu unterstützen? Es sind solche Fragen, auf denen Schulsozialarbeit ihr theoretisches Fundament bauen sollte, um nicht zum Instrument einer Institution zu werden, mit der sie eigentlich kooperieren wollte. Das Konzept einer lebensweltorientierten Sozialen Arbeit oder die hier vorgestellten Grundsätze der Schulsozialarbeit sind Ansätze, mit denen die Diskussion um das Spezifische der Schulsozialarbeit weitergeführt werden könnte.

Schulsozialarbeit ist nicht einfach die Übertragung von Sozialer Arbeit in die Schule. Schulsozialarbeit ist innerhalb eines Systems tätig, das eigene Methoden und Verfahren entwickelt hat, wie es mit leistungsschwachen oder schulmüden Schülerinnen und Schülern umzugehen gedenkt. Diese Systemzusammenhänge gilt es zu kennen und in die Arbeit einzubeziehen. Dazu bedarf es einer Anpassung von Methoden der Sozialen Arbeit. Bisher konzentrierte sich die behördliche Jugendhilfe auf die Individualhilfe. Im Handlungsfeld Schule tritt neben diese klassische Form der Jugendfürsorge die Gruppenarbeit. Von wissenschaftlicher Seite sind die beiden Tätigkeitsfelder unterschiedlich intensiv beforscht worden. Heute können wir feststellen, dass für die Einzelfallhilfe fundierte Handlungskonzepte zur Verfügung stehen. Dagegen fehlen präventive und interventive Handlungskonzepte, die auf die Arbeit mit der Gleichaltrigengruppe auch aus geschlechtsspezifischer Perspektive abzielen.

Als neues Berufsfeld ist Schulsozialarbeit auf eine professionelle Begleitung angewiesen. Diese Begleitung hat insbesondere die Aufgabe, während einer Vorbereitungsphase im System Schule für die neue Dienstleitung zu sensibilisieren und die Vernetzung zur Schule und den Sozialen Diensten zu formalisieren und zu institutionalisieren. In den ersten Projektjahren kommen auf die Schulsozialarbeiterinnen und Schulsozialarbeiter eine Reihe von Herausforderungen zu: Sie stehen zumeist als alleinige Vertretung eines neuen Berufszweiges einer grossen Zahl Vertreterinnen und Vertretern der Schulpädagogik gegenüber, woraus ein Erklärungsbedarf resultiert. Schulsozialarbeit muss innert kurzer Zeit Arbeitsschwerpunkte finden, um sich im System Schule zu positionieren. Zudem hat sich der neue

Dienst möglichst schnell zu bewähren, um ein Akzeptanzproblem bei den Lehrkräften zu verhindern. Auf all diese Herausforderungen muss eine begleitende Institution vorbereiten und im Bedarfsfall klärend und vermittelnd wirken. Oft scheint, dass diese Aufgaben in ihrer Bedeutung unterschätzt werden. Nicht selten wird Schulsozialarbeit deswegen in Arbeitsbereiche gedrängt und auf Funktionen eingeschränkt, die eigentlich gar nicht in ihr methodisches Repertoire gehören.

Mit der steigenden Bedeutung der Schulsozialarbeit wird sich die Qualitätsfrage stellen. Wenig wissen wir bis zum heutigen Zeitpunkt, worin sich die Qualität der Schulsozialarbeit im Einzelnen ausdrückt. Berechnungen, die darauf abzielen, dass Schulsozialarbeit dann rentiere, wenn Fremdplatzierungen vermieden werden können, wird mit dem Argument widersprochen, dass Schulsozialarbeit ja nur eine Lebensphase eines Kindes oder Jugendlichen begleite, spätere kostenintensive Massnahmen also durchaus noch erfolgen könnten. Noch schwieriger wird es bei der Frage, wie die konkrete Arbeit beurteilt werden kann. Kann die Güte der Schulsozialarbeit durch eine Zufriedenheitsmessung bei den Schülerinnen und Schülern bestimmt werden? Bisher dominieren in Evaluationen Zählstatistiken und Fragestellungen, die beschreibenden Charakter haben. Was fehlt, ist ein System von Kriterien, die Schulsozialarbeit einerseits vorfinden müsste, um funktionsfähig zu sein, und andererseits erfüllen müsste, um entlastet zu werden.

Wir haben in der Vergangenheit im Zuge der Bildungsoffensive einen Entwicklungsschub gerade auch der Schulsozialarbeit feststellen können. Bevor wir aber auf wackligen Fundamenten voranschreiten, ist eine Professionalisierungsoffensive unabdingbar. Wo es der Jugendhilfe nicht gelingen wird, auf oben genannten Feldern Entwicklungen aufzuzeigen, dort wird Schulsozialarbeit zwar eine geduldete, aber keineswegs willkommene Einrichtung in einem Schulhaus sein. Wo Jugendhilfe dagegen schlüssige Antworten findet, dort kann sie sich selbstbewusst auf die Kooperation mit der Schule vorbereiten und ihre eigenen Vorstellungen zur Erreichung der gemeinsamen Ziele formulieren, realisieren und evaluieren.

Literatur

Abels, Heinz (1971) Schulsozialarbeit. Ein Beitrag zum Ausgleich von Sozialisationsdefiziten. In: Soziale Welt, 28, 3, S. 347-359.

Arbeitskreis Hessische Schulsozialarbeit (1980) Schulsozialarbeit. Eine Antwort auf drohende Deklassierung von Jugendlichen? Frankfurt.

Arenz-Greiving, Ingrid (1993) Auswirkungen der Suchterkrankung auf die Kinder. In: Deutsche Hauptstelle gegen die Suchtgefahren (Hrsg.) Sucht und Familie. Schriftenreihe zum Problem der Suchtgefahren, Band 35. Freiburg i. Br. S. 265-281.

Auf der Maur, Geraldine und Dorothee Schaffner (1994) Sozialpädagogik und Schule. Bestandesaufnahme in der Schweiz. Seminararbeit an der Philosophischen Fakultät der Universität Zürich (download unter www.schulsozialarbeit.ch).

Baumgarten, Heinz Hermann, Erika Arnold und Hanspeter Ruch (2000) Pilotprojekt Schulsozialarbeit an der Weiterbildungsschule Basel. In: Drilling, M. und C. Stäger (2000b), S. 7-22.

Beck, Ulrich (1986) Risikogesellschaft. Frankfurt.

Bildungskommission Nordrhein-Westfhalen (Hrsg.) (1995) Zukunft der Bildung. Schule der Zukunft. Neuwied.

BMFSFJ [= Bundesministerium für Familie, Senioren, Frauen und Jugend] (Hrsg.) (1990) Achter Kinder- und Jugendbericht. Bonn.

BMFSFJ (Hrsg.) (1994) Neunter Kinder- und Jugendbericht. Bonn.

BMFSFJ (Hrsg.) (1998) Zehnter Kinder- und Jugendbericht. Bonn.

Bowley, Michèle und Reinhard Kaiser (1997) Zur Lebenssituation der in Basel wohnhaften ausländischen Jugendlichen. Basel.

Braun, Karl-Heinz und Konstanze Wetzel (2000) Sozialpädagogisches Handeln in der Schule. Einführung in die Grundlagen und Konzepte der Schulsozialarbeit. Neuwied.

Brenner, Gerd und Martin Nörber (Hrsg.) (1992) Jugendarbeit und Schule. Kooperation statt Rivalität um die Freizeit. Weinheim.

Brusten, Manfred, Norbert Herriger und Peter Malinowski (1981) Schulische Sozialarbeit und Sozialpädagogik. Theoretische Konzeptionen, empirische Ergebnisse, praktische Perspektiven. In: Kerkhoff, H. (Hrsg.) Handbuch Praxis der Sozialarbeit und Sozialpädagogik, S. 425-444.

Bucher, Nathalie und Meinrad Perrez (2000) Bericht über die Situation der Familie im Kanton Basel-Stadt. Eine Untersuchung in den Quartieren Breite, St. Alban und St. Johann. Basel.

Burian, Wilhelm (1995) Die Psychodynamik der Adoleszenz und die Suchtentwicklung. In: Brosch, Renate und Günter Juhnke (Hrsg.) Jugend und Sucht. Ein Ratgeber. Wien, S. 7-14.

Bundesarbeitsgemeinschaft Jugendaufbauwerke (1973) Schulsozialarbeit. Ein Leitfaden zur Einrichtung und Durchführung von Modellversuchen. Bonn.

Bundesministerium für Bildung und Wissenschaft (1978) (Hrsg.) Schulsozialarbeit. Erste Erfahrungen und einige Konsequenzen aus den Modellversuchen Sozialarbeit. Bonn.

Caduff, Felix (1996) Schulsozialarbeit im Jugendsekretariat und Schulkreis Limmattal (Kreise 4 und 5). In: Sozialarbeit, 3, 18-20.

Caritas (1999) Sozialalmanach. Existenzsicherung in der Schweiz. Luzern.

Christen, Esther und Simone Pfeiffer (1999) Sozialarbeit macht Schule. Eine Bestandesaufnahme der Schulsozialarbeit in der Deutschschweiz. Basel.

Deutsche Shell (Hrsg.) (2000) Jugend 2000. 13. Shell Studie. Opladen.

Drilling, Matthias und Claudine Stäger (2000a) Schulsozialarbeit als Präventionsprojekt der Jugendhilfe: erste Erfahrungen aus einem Pilotprojekt. In: Vierteljahresschrift für Heilpädagogik und ihre Nachbargebiete 69, 1, S. 32-44.

Drilling, Matthias und Claudine Stäger (2000b) Schulsozialarbeit. Ein Pilotprojekt in Basel-Stadt. Evaluationsergebnisse, Rahmenkonzept, Bibliographie. Mit einem Beitrag von Heinz Hermann Baumgarten, Erika Arnold und Hanspeter Ruch. Basel.

Drilling, Matthias und Dorothea Gautschin (2001) Youth Culture and Adolescence: The Crisis of Self-Socialisation and Challenges for Youth Welfare. In: European Union, Youth Directorate (ed.) Youth Culture and Citizenship. Brüssel, (im Druck).

Elsner, Grit (1996) Schulsozialarbeit in Sachsen. Plädoyer für eine Entwicklung der Beziehungen zwischen Schule und Jugendhilfe. München.

Engel, Uwe und Klaus Hurrelmann (1989) Psychosoziale Belastung im Jugendalter. Empirische Befunde zum Einfluss von Familie, Schule und Gleichaltrigengruppe. Berlin.

Fatke, Reinhard (2000) Schule und Soziale Arbeit - historische und systematische Aspekte. In: Suchtmagazin, Nr. 3, S. 3-6.

Fatke, Reinhard und Renate Valtin (Hrsg.) (1997) Sozialpädagogik in der Grundschule. Aufgaben, Handlungsfelder, Modelle. Frankfurt.

Faulstich-Wieland, Hannelore und Klaus-Jürgen Tillmann (1984) Schulsozialarbeit zwischen Konflikt und Akzeptanz. Erfahrungen in der Region Kassel. München.

Fauser, Peter (1996) (Hrsg.) Wozu die Schule da ist. Eine Streitschrift. Seelze.

Fend, Helmut (1974) Gesellschaftliche Bedingungen schulischer Sozialisation. Weinheim.

Fend, Helmut (1997) Was ist eine gute Schule? In: Tillmann (Hrsg.), S. 14-25.

Fend, Helmut (2000) Entwicklungspsychologie des Jugendalters. Opladen.

Feselmayer, Senta und Wolfgang Beiglböck (1995) Die Familie des Alkoholkranken. In: Brosch, Renate und Günter Juhnke, Jugend und Sucht. Ein Ratgeber. Wien. S. 150-155.

Frommann, Anne, Hartmut Kehrer und Eckart Liebau (1987) Erfahrungen mit Schulsozialarbeit. Möglichkeiten der Zusammenarbeit von Sozialpädagogik und Schule. Weinheim.

Giesecke, Hermann (1996) Wozu ist die Schule da? In: Fauser, Peter (Hrsg.) Wozu die Schule da ist. Eine Streitschrift. Seelze. S. 5-16.

Grieger, Stefan, Heinz Lausch und Jochen Meurers (1978) Bereich Schülerzentrum. In: Bundesministerium für Bildung und Wissenschaft (Hrsg.), S. 49-98.

Gross, Peter (1994) Die Multioptionsgesellschaft. Frankfurt, S. 27.

Grossmann, Wilma (1987) Aschenputtel im Schulalltag. Historische Entwicklungen und Perspektiven von Schulsozialarbeit. Weinheim.

Hanesch, Walter (1990) Unterversorgung im Berufsbildungssystem: Das Beispiel berufliche Bildung. In: Döring, Diether, Walter Hanesch und Ernst-Ulrich Huster (Hrsg.) Armut im Wohlstand. Frankfurt, S. 185-205.

Hanetseder, Christa (1997) Gewalt und Geschlecht. In: Drilling, Matthias, Jugend und Gewalt. Fakten - Hintergründe - Präventionsansätze. Basel.

Havighurst, Robert J. (1982) Development tasks and education. New York.

Helbrecht-Jordan, Ingrid (1978) Sozialpädagogik in der Gesamtschule. In: Bundesministerium für Bildung und Wissenschaft (Hrsg.), S. 17-29.

Helbrecht-Jordan, Ingrid und Gerhard Segel (1980) Schulsozialarbeit - ein Weg zur schülergerechten Schule? In: Theorie und Praxis der Sozialen Arbeit (31), 10, S. 372-380.

Helsper, Werner und Hartmut Wenzel (Hrsg.) (1995) Pädagogik und Gewalt. Möglichkeiten und Grenzen pädagogischen Handelns. Opladen.

Hilbig, Norbert (1993) Mit Adorno Schule machen - Beiträge zu einer Pädagogik der Kritischen Theorie. Bad Heilbrunn.

Hilbig, Norbert (1997) Plädoyer für eine sozialpädagogische Schule. Hildesheim.

Hollenstein, Erich und Jan Tillmann (Hrsg.) (1999) Schulsozialarbeit. Studium, Praxis und konzeptionelle Entwicklungen. Hannover.

Holtappels, Heinz Günter (1986) Schulsozialarbeit aus der Schülerperspektive - Ergebnisse einer Schülerbefragung zur Schulberatung. In: Die Deutsche Schule, 1, S. 56-72.

Hornstein, Walter (1971) Bildungsplanung ohne sozialpädagogische Perspektive. In: Zeitschrift für Pädagogik, 17, 3, S. 285-314.

Hüttenmoser, Marco (1996) Kein schöner Land. Ein Vergleich städtischer und ländlicher Wohnumgebungen und ihre Bedeutung für den Alltag und die Entwicklung der Kinder. In: Und Kinder, Nr. 54, März 1996. Marie Meierhofer-Institut für das Kind.

Hurrelmann, Klaus (1997) Lebensphase Jugend: Eine Einführung in die sozialwissenschaftliche Jugendforschung. Weinheim.

Kersten, Bernhard (1981) Schule als Feld von Sozialarbeit. In: Raab, Erich und Hermann Rademakker (Hrsg.) Schulsozialarbeit. Beiträge und Berichte einer Expertentagung. München, S. 94-98.

Klein, Michael (1986) Zur Situation von Kindern alkoholabhängiger Eltern. In: Deutsche Hauptstelle gegen Suchtgefahren, Sinnfrage und Suchtprobleme. Menschenbild, Wertorientierung, Therapieziel. Hamm, S. 179-188.

KORUS - Beratung in Brandenburg (1999) Sozialarbeit an Schulen im Land Brandenburg. Ergebnisse der landesweiten Befragung 1999. Potsdam (download unter www.schulsozialarbeit.ch).

Landert, Charles (1999) Projekt Schulsozialarbeit Zürich-Limmattal: Schlussbericht 1997-1999. Zürich (unveröffentlicht).

Lengen, Manfred (1999) Weniger Schule ist mehr. Plädoyer für eine Entrümpelung des Unterrichts. Reinbek.

Leu, Robert et al. (1997) Lebensqualität und Armut in der Schweiz. Bern.

Lischer, Rolf (1997) Integration - (k)eine Erfolgsgeschichte. Ausländische Kinder und Jugendliche im schweizerischen Bildungssystem. Bundesamt für Statistik. Bern. Siehe auch: Beck Kadima, Muriel, M. Drilling et al. (1998) Internationaler Pakt über wirtschaftliche, soziale und kulturelle Rechte. Erster Kommentar schweizerischer Nichtregierungsorganisationen an die UNO. Bern.

Lösel, Friedrich et al. (1990) Gutachten der Unterkommission Psychologie. In: Schwind et al. (1990) Ursachen, Prävention und Kontrolle von Gewalt. Analysen und Vorschläge der Unabhängigen Regierungskommission zur Verhinderung und Bekämpfung von Gewalt (Gewaltkommission). 4 Bände. Berlin.

Lüssi. Peter (1995) Systemische Sozialarbeit. Praktisches Lehrbuch der Sozialarbeit. Bern.

Malinowski, Peter und Norbert Herriger (1979) Zur Wirklichkeit der sozialpädagogischen Praxis in der Schule - empirische Ergebnisse und kontroverse Perspektiven. In: Neue Praxis, 1, S. 67-85.

Mollenhauer, Klaus (1964) Einführung in die Sozialpädagogik. Weinheim.

Mörschner, Monika (1988) Sozialpädagogik und Schule. Zur Entwicklung ihrer Beziehung. München.

Mühlum, Albert (1993) Schulsozialarbeit. In: Becker-Textor, Ingeborg und Martin M. Textor (Hrsg.) Handbuch der Kinder- und Jugendbetreuung. Neuwied, S. 241-269.

Munsch, Chantal (1996) Schulsozialarbeit - mit zwei Beispielen aus Genf und Lausanne. Köniz.

Müller, Emmanuel (2000) Expertise zur Schulsozialarbeit in Volketswil. Luzern (download unter www.schulsozialarbeit.ch).

Nunner-Winkler, Gertrud (1996) Formen von Gewalt. Kommentar zu Wilhelm Heitmeyer: "Gewalt bei Jugendlichen aus unterschiedlichen sozialen Milieus". In: Honegger, Claudia et al. (Hrsg.), Gesellschaften im Umbau. Identitäten, Konflikte, Differenzen. Bern, S. 389-405.

Obrist, Brigitte, Ornella Ferro und Marlene Saxer (2000) Lebenswelt Oberstufe Wetzikon. Eine Erhebung bei Schülerinnen und Lehrerinnen. Zürich. Diplomarbeit an der Hochschule für Soziale Arbeit Zürich (download unter www.schulsozialarbeit.ch)

OECD Organisation für Wirtschaftliche Zusammenarbeit und Entwicklung (Hrsg.) (1999) Beschäftigungsausblick. Paris.

Olk, Thomas, Gustav-Wilhelm Bathke und Birger Hartnuss (2000) Jugendhilfe und Schule. Empirische Befunde und theoretische Reflexionen zur Schulsozialarbeit. Weinheim.

Paetow, Sybille, Gerhard Segel und Veronika Segel (1975) Bericht über den Modellversuch "Schulsozialarbeit" an der Gesamtschule Kassel-Waldau. In: Bundesarbeitsgemeinschaft Aufbauwerk (Hrsg.) Schulsozialarbeit. Berichte aus der Praxis. Schriften zur Schulsozialarbeit, Bd. 3, S. 65-110.

Parson, Talcott (1997) Sozialstruktur und Persönlichkeit. (5. unveränderte Auflage) Frankfurt.

Peter, Simone und Ruedi Epple (2000) Glückliche Eltern - Betreute Kinder. Familienergänzende Kinderbetreuung im Kanton Basel-Landschaft. Zahlen, Analysen, Argumente. Liestal.

Petermann, Franz (1998) Entwicklung aggressiven Verhaltens: Diagnostik und psychotherapeutische Interventionen In: Bierhoff, Hans Werner und Ulrich Wagner (Hrsg.) Aggression und Gewalt: Phänomene, Ursachen und Interventionen. Stuttgart, S. 234-257.

Prüss, Franz (1997) Soziale Arbeit in der Schule - Eine Perspektive für die neuen Bundesländer. In: Fatke, Reinhard und Renate Valtin (1997), S. 47-53.

Prüss, Franz, Franz Bettmer, Birger Hartnuss und Stefan Maykus (2000) Entwicklung der Kooperation von Jugendhilfe und Schule in Mecklenburg-Vorpommern. Greifswald (unveröffentlicht).

Prüss, Franz und Franz Bettmer (1996) Schule und Jugendhilfe - neue Kooperationschancen im Osten? In: Flösser, Gaby, Hans-Uwe Otto und Klaus-JürgenTillmann (Hrsg.) Schule und Jugendhilfe. Neuorientierung im deutsch-deutschen Übergang. Opladen, S. 238-253.

Raab, Erich (1994) Begründungszusammenhänge und Konzepte von Schulsozialarbeit. In: Pädagogische Führung, 5, 4, S. 145-148.

Raab, Erich und Hermann Rademacker (1982) Schulsozialarbeit in der Bundesrepublik - Konzepte, Probleme, Massnahmen. Ein Zwischenbericht. München.

Raab, Erich und Hermann Rademacker (Hrsg.) (1981) Schulsozialarbeit. Beiträge und Berichte von einer Expertentagung. München.

Raab, Erich, Hermann Rademacker und Gerda Winzen (1987) Handbuch Schulsozialarbeit. Konzeption und Praxis sozialpädagogischer Förderung von Schülern. München.

Rademacker, Hermann (1994) Zum Konzept von Schulsozialarbeit als Beitrag zu einer neuen Bildungsreform. In: Pädagogische Führung, 5, 4, S. 148-155.

Raulf, Barbara (1998) Beschäftigt sind sie alle: Zur Situation erwerbstätiger und nichterwerbstätiger Mütter. In: Marie Meierhofer-Institut für das Kind (Hrsg.) Startbedingungen für Familien. Forschungs- und Erlebnisberichte zur Situation von Familien mit Kleinkindern in der Schweiz und sozialpolitische Forderungen. Zürich, S. 67-102.

Röthlisberger, Paul (1997) Jugendliche - Trendsetter oder Ausgeschlossene? Ein statistisches Porträt der Jugend. Beiträge zur Sozialberichterstattung für die Schweiz. Bundesamt für Statistik. Bern.

Schneider, Jens (1982) Zur Notwendigkeit von Sozialpädagogen in der reformierten Schule. In: Deutsches Jugendinstitut (Hrsg.) Hilfen für Schüler und Schule durch Sozialarbeit. Beiträge, Materialien und Ergebnisse einer Fachtagung. München, S. 104-107.

Schweizerische Konferenz der Gleichstellungsbeauftragten (Hrsg.) (1999) Junge Frauen ohne postobligatorische Ausbildung. Empirische Untersuchung bei 21- bis 25-jährigen Frauen und Männern ohne und mit Ausbildung. Zürich.

Seithe, Mechthild (1998) Abschlussbericht der wissenschaftlichen Begleitung des Landesprogramms "Jugendarbeit an Thüringer Schulen". Jena (download unter www.schulsozialarbeit.ch).

Sigg, Rolf (1996) Zum Beispiel Primarschulhaus Böswisli in Bülach. In: Sozialarbeit, 3, S. 10-12.

Sozialpädagogen an Berliner Gesamtschulen (1981) 10 Forderungen. In: Raab, Erich und Hermann Rademacker, S. 103-104.

Städteinitiative (2000) Kennzahlenvergleich. Sozialhilfe in Schweizer Städten. Berichtsjahr 1999. Zürich und Lausanne (unveröffentlicht).

Stickelmann, Bernd (1981) Schulsozialarbeit. In: Petzold, Hans-Joachim und Horst Speichert (Hrsg.) Handbuch pädagogischer und sozialpädagogischer Praxisbegriffe. Reinbeck. S. 405-408.

Suter, Christian, Monika Budowski und Peter C. Meyer (1996) Einkommenschwäche, Unterversorgung und Mangellagen bei alleinerziehenden Müttern in der Stadt Zürich: Ergebnisse einer Längsschnittstudie. In: Schweizerische Zeitschrift für Soziologie, 22 (1), S. 27-57.

Thiersch, Hans (1997) Lebensweltorientierte Soziale Arbeit. Weinheim.

Tillmann, Klaus-Jürgen (Hrsg.) (1994) Was ist eine gute Schule? Hamburg.

Thimm, Karlheinz (2001) Lebenswelt Schule. Ein Ort für sozialpädagogische Arbeit? In: Soziale Arbeit, 2, S. 42-49.

UNICEF Schweiz (Hrsg.) (1999) Kinder und Jugendliche in der Schweiz: Bericht zu ihrer Situation. Zürich.

Voss, Reinhard (Hrsg.) (1998) Schul-Visionen. Theorie und Praxis systemisch-konstruktivistischer Pädagogik. Heidelberg.

Wahlen, Peter und Andreas Witzel (1995) Berufswahl - ein Vermittlungsprozess zwischen Biographie und Chancenstruktur. In: Karen Schwober und Maria Gaworek (Hrsg.) Berufswahl: Sozialisations- und Selektionsprozesse an der ersten Schwelle. Bayreuth, S. 9-36.

Wendt, Peter-Ulrich (1993) Hasst du was, dann bist du was. Zum gewaltförmigen Verhalten junger Menschen. In: Hubertus Heil et al. (Hrsg.) Jugend und Gewalt. Über den Umgang mit gewaltbereiten Jugendlichen. Marburg.

Wulfers, Wilfried (1996) Schulsozialarbeit. Ein Beitrag zur Öffnung, Humanisierung und Demokratisierung der Schule. Hamburg.

Zimmer, Jürgen und Elisabeth Niggemeyer (1986) Macht die Schule auf, lasst das Leben rein. Von der Schule zur Nachbarschaftsschule. Weinheim.

Internetseiten

www.schulsozialarbeit.ch

www.schulsozialarbeit.net

Die beiden Internetadressen sammeln Arbeiten zum Thema (downloads), vernetzen die Schulsozialarbeit und weisen auf aktuelle Veranstaltungen etc. hin.